O LIVRO PERDIDO
DE DZYAN

H. P. Blavatsky

O LIVRO PERDIDO DE DZYAN

NOVAS REVELAÇÕES SOBRE A DOUTRINA SECRETA

Prefácio de
Murillo Nunes de Azevedo

Tradução:
M. P. Moreira Filho

Editora
Pensamento
SÃO PAULO

Título original: *Two Books of the Stanzas of Dzyan*.

Copyright da edição brasileira © 2009 Editora Pensamento-Cultrix Ltda.
Texto de acordo com as novas regras ortográficas da língua portuguesa.
1ª edição 2009.
9ª reimpressão 2024.

Todos os direitos reservados. Nenhuma parte deste livro pode ser reproduzida ou usada de qualquer forma ou por qualquer meio, eletrônico ou mecânico, inclusive fotocópias, gravações ou sistema de armazenamento em banco de dados, sem permissão por escrito, exceto nos casos de trechos curtos citados em resenhas críticas ou artigos de revistas.

A Editora Pensamento não se responsabiliza por eventuais mudanças ocorridas nos endereços convencionais ou eletrônicos citados neste livro.

Originalmente publicado com o título de *Sabedoria Eterna*.

Dados Internacionais de Catalogação na Publicação (CIP)
(Câmara Brasileira do Livro, SP, Brasil)

Blavatsky, H. P., 1831-1891
    O livro perdido de Dzyan / H. P. Blavatsky ; prefácio de Murillo Nunes de Azevedo ; tradução M. P. Moreira Filho. – São Paulo : Pensamento, 2009.

Título original: Two books of the Stanzas of Dzyan
ISBN 978-85-315-1585-9

1. Ocultismo 2. Teosofia I. Azevedo, Murillo Nunes de. II. Título.

09-05929   CDD-299.934

Índices para catálogo sistemático:
1. Doutrina secreta : Teosofia 299.934

Direitos reservados
EDITORA PENSAMENTO-CULTRIX LTDA.
Rua Dr. Mário Vicente, 368 — 04270-000 — São Paulo, SP
Fone: (11) 2066-9000
E-mail: atendimento@editorapensamento.com.br
http://www.editorapensamento.com.br
que se reserva a propriedade literária desta tradução.
Foi feito o depósito legal

Sumário

A Bendita Maldição — Murillo Nunes de Azevedo...... 9
Prefácio — Arya Asanga................ 27
Glossário de termos técnicos............. 37

Livro I
COSMOGÊNESE

Rig Veda, X, 129 45
Introdução 47

AS ESTÂNCIAS DE DZYAN

Estância I. A Noite do Universo............. 75
Estância II. A Ideia da Diferenciação........... 78
Estância III. O Despertar do Cosmos........... 79
Estância IV. As Hierarquias Setenárias......... 83
Estância V. Fohat, o Filho das Hierarquias Setenárias.. 86

Estância VI. O Nosso Mundo, seu Crescimento e
   Desenvolvimento 88
Estância VII. Os Pais do Homem sobre a Terra 91
Resumindo 95

LIVRO II
ANTROPOGÊNESE

Kalevala, Runa I 125
Notas Preliminares 127

AS ESTÂNCIAS DE DZYAN

Estância I. Primórdios da Vida Senciente 137
Estância II. Fracassa a Natureza Desprotegida 139
Estância III. Tentativas para Criar o Homem 142
Estância IV. A Criação da Primeira Raça 143
Estância V. A Evolução da Segunda Raça 145
Estância VI. A Evolução dos Nascidos do Suor 147
Estância VII. Dos Sete Divinos para a Primeira
   Raça Humana 148
Estância VIII. A Evolução dos Mamíferos –
   A Primeira Queda 151
Estância IX. A Evolução Final do Homem 153
Estância X. A História da Quarta Raça 155
Estância XI. Civilização e Destruição da
   Terceira e Quarta Raças 157
Estância XII. A Quinta Raça e seus Instrutores
   Divinos 159
Conclusão 161
Notas 173

O LIVRO PERDIDO DE DZYAN

A Bendita Maldição

Murillo Nunes de Azevedo

Na natureza nada é uniforme. A Terra é cheia de irregularidades que vão do deserto mais inóspito ao pico nevado da montanha. Os seres humanos seguem a mesma lei. A grande maioria, entretanto, é plana, sem qualquer atração. Apenas alguns poucos seres, psicologicamente falando, atingiram o pico da montanha. Pouquíssimos são os Himalaias do espírito; e esses picos isolados não são compreendidos pelos homens da planície. Desse fato surgem os ataques, a crucificação, as lanças, as balas, a cicuta, os aviões de guerra cruzando os céus — recursos usados pela mediocridade para defender a sua tranquilidade ameaçada. A Sabedoria Eterna da Índia nos fala das três qualidades da Natureza: *Tamas*, *Rajas* e *Satva*.

Tamas é a inércia, que vai da imobilidade do mineral à mente do homem comum, fechada aos estímulos da vida espiritual.

Rajas é o movimento que está presente em tudo. A força do vento, das marés, da energia contida no átomo e nas estrelas. É a pressão que está sempre modificando o que existe para que uma nova forma de vida possa nascer. Os jovens, os revolucionários e todos os que lutam de infinitas maneiras para promover as transformações são instrumentos dessa lei suprema.

Por fim, a harmonia de *Satva*. O equilíbrio dentro do aparentemente instável. A conscientização de uma paz que está no coração de tudo desde todo o sempre e que foi esquecida. Uma visão ampla da realidade mostra essas três qualidades sempre em ação. Os que se arriscaram a ir contra a ordem estabelecida das coisas colheram em todas as épocas os resultados negativos dessa atitude. Em seu livro *A Realidade da Alma*, C. G. Jung afirma:

> "Pensar de modo diferente do aceito pela corrente do momento tem sempre um caráter clandestino e danoso, quase indecente, doentio, ou blasfemo, e por essa razão é socialmente perigoso para o indivíduo. Aquele que pensa por conta própria está nadando insensatamente contra a corrente."

A única observação que podemos fazer, discordando em parte do famoso autor, é que, se a raça humana não tivesse tido homens que lutaram a qualquer preço, "insensatamente contra a corrente", talvez ainda estivéssemos morando nas cavernas. A sabedoria divina da natureza serve-se desses homens predestinados como instrumentos da transformação do mundo. Há, sem dúvida, por trás de todos os acontecimentos aparentemente sem significado, um governo oculto. Uma afirmativa dessa natureza pode escandalizar os "modernos", os de mente científica que não compreendem a verdadeira ciência, os materialistas que só acreditam no que veem e, no entanto, são cegos de nascença que nunca poderão compreender, por mais que falem, o que seja o Sol. Esse governo, inúmeras vezes analisado por vários autores, entre os quais o controvertido René Guenon, é uma realidade. Sente-se a sua presença no cair de uma folha, nas forças desencadeadas num terremoto, no brilho de uma estrela. Tudo está significativamente ligado dentro de um plano maior, cujo desígnio não conseguimos compreender. Os verdadeiros cientistas, nos seus laboratórios de pesquisa, sentem a presença dessa predestinação.

Helena Petrovna Blavatsky, ou melhor, H. P. B. – como é mais conhecida – foi um desses seres predestinados de que falamos. Sua vida a qualifica como uma das pessoas mais extraordinárias de todos os tempos. Algo fora do espaço e do tempo, que se movia em dimensões que não eram as comuns. Sua atuação foi tal que levantou contra si, bem como contra os que a cercavam como discípulos fiéis, toda sorte de ataques. Ainda hoje, apesar de ter morrido em 1891, muitos são os que a consideram a maior charlatã do século XIX. Aos poucos a verdade histórica está sendo restabelecida e, das nuvens das calúnias, surge o pico da verdade que ela tão bem defendeu. Recentemente, Jacques Bergier apresentou em *Les Livres Maudits* uma série de meias-verdades. Segundo ele, pesa sobre Blavatsky uma terrível maldição. Seu crime foi o de ter revelado ao mundo as chamadas Estâncias de Dzyan, pela primeira vez apresentadas ao público de língua portuguesa nesta edição. O texto, cuidadosamente guardado nos mais fechados mosteiros do Tibete, é defendido de todas as maneiras contra a divulgação. Leva o selo de "Secreto" e ninguém poderá profaná-lo impunemente. Seu conhecimento revela as chaves do conhecimento do passado mais remoto e põe à disposição do leitor estranhos poderes. Os trechos que H. P. B. divulgou são apenas os que levantam uma ponta do véu sobre a origem do universo, da Terra e do ser humano e são curiosamente "modernos". Bergier vai mais além, ao enunciar a existência de uma misteriosa fraternidade dos "homens de preto". Uma espécie de máfia do espírito humano, que tem por função manter a humanidade escravizada aos seus obscuros dogmas e interesses. Aqui está uma das meias-verdades que mencionamos. É preciso dizer que acima desses homens existe uma Fraternidade Negra que se opõe a tudo o que poderá libertar o ser humano. Suas ramificações e sub-ramificações são insondáveis. À primeira vista, estão completamente desligadas. Quando investigadas de modo mais profundo, suas conexões podem ser claramente discernidas. Trata-se, por assim dizer, da mesma mão que assassinou Erico Mattei, crucificou Cristo e levantou contra H. P. B.

todas as calúnias. Essa supermáfia era antigamente simbolizada pela figura do demônio, o Príncipe do Mal, o Senhor das Trevas. É uma força que existe efetivamente, como declarou o Papa Paulo VI, e está sempre atenta para atuar em todos os campos. Basta o equilíbrio ser ameaçado, uma luz começar a surgir, uma ideia nova proliferar para que esse supermecanismo de censura seja automaticamente acionado. São inúmeras as vítimas dessa organização das trevas. Sócrates foi condenado à morte e obrigado a beber cicuta para que não colocasse a inquietação filosófica na mente dos homens. Giordano Bruno perdeu a sua vida queimando na fogueira pelo crime de dizer às pessoas que os mundos eram infinitos... Todas as ideias de abertura e aprimoramento são um estágio da evolução que leva o ser humano a Deus. São conceitos muito perigosos, porque podem promover o despertar das massas que essa Fraternidade Negra tanto teme. Ela se serve habilmente da chamada opinião pública para arrasar os que pretende destruir. Corrompe de todas as maneiras o discernimento da criatura humana. A sociologia levantou um pouco o véu ao estudar o mecanismo dos grupos de pressão e suas técnicas para defender aquilo que julgam ser o certo. Utilizam desde a corrupção pura e simples às contas numeradas nos bancos suíços, não vacilando em recorrer ao assassinato, se necessário. Blavatsky tinha consciência dessa enorme pressão e assim se referia à chamada opinião pública:

"A opinião pública é um tirano invisível, intangível, onipresente; uma hidra de mil cabeças; é a mais perigosa das bestas, pois é composta de mediocridades individuais."

Vejamos quais os tabus que H. P. B. teve a coragem de quebrar e que originaram os violentos ataques de que foi vítima tanto em vida quanto depois de morta. Podemos apontar oito causas fundamentais:

1. O fato de ela querer ser verdadeiramente mulher, totalmente emancipada e não uma boneca escrava dos homens para ser usada como mera fábrica de prazer ou trabalho;
2. Viajar constantemente pelo mundo, numa época em que os meios de comunicação e informação eram escassos;
3. Possuir poderes psíquicos de grande desenvolvimento e que provocavam, inúmeras vezes, grande curiosidade em torno de si;
4. Ter repudiado publicamente o cristianismo e se convertido ao budismo. Contra ela caía a cólera dos missionários que tentavam em vão converter os "infiéis";
5. Apresentar ao mundo o valor imenso do conhecimento tradicional da Índia. Foi ao ler os livros de Helena Blavatsky que Gandhi encontrou a sua vocação;
6. Não possuir título universitário e ter a coragem de escrever contestando inúmeras ideias em vigor na época;
7. Ser russa de nascimento, o que já era condição não muito favorável. Seus constantes deslocamentos pelo mundo causavam em muitos círculos a suspeita de

que fosse uma espiã a serviço do Tzar. Contra ela movimentaram-se serviços de contraespionagem de vários países;
8. Ter total desprezo pela opinião pública. Não pretendia agradar a ninguém, tendo adotado como divisa a frase que mais tarde se tornaria o lema da Sociedade Teosófica, por ela fundada: "Não há religião superior à verdade".

Uma vez que qualquer um desses pontos já era perigoso por si mesmo, qual não seria, então, o poder combinado deles? A vida fantástica de H. P. B. contém passagens interessantíssimas que estão à espera de um autor que escreva uma biografia definitiva, embora inúmeras já tenham sido publicadas. Cada vez mais se faz sentir a necessidade desse livro à medida que o tempo passa e a figura magistral dessa mulher começa a surgir nítida no panorama dos grandes vultos da história humana.

Helena Petrovna Blavatsky, a predestinada, foi cercada de fatos extraordinários desde o seu nascimento, em 30 de julho de 1831. A pequena localidade de Ekaterinoslava, na Ucrânia, estava, como toda a Rússia, varrida por uma epidemia de cólera. As igrejas estavam lotadas de pessoas pedindo aos céus que a ira divina fosse aplacada. Nas estradas as carroças afundavam na lama, cheias de cadáveres, e ali permaneciam à espera dos abutres. Por toda a parte as cores pretas, as janelas fechadas, o medo do contágio. Um dos primeiros biógrafos de Blavatsky, Sinnet, afirma: "Ela entrou no mundo no meio de caixões e lágrimas". Seu batizado, cercado de toda a pompa da igreja ortodoxa russa, reúne no templo toda a família e os servos. Subitamente uma vela que não fora firmemente colocada põe fogo no manto do sacerdote que oficiava. A cerimônia foi interrompida e o sacerdote retirado, seriamente queimado. A superstição dos mujiques viu nesse acontecimento o dedo do destino e logo uma série de histórias estranhas começou a circular enquanto a pequenina Helena crescia como os animais, solta, livre, misturando-se com os camponeses nos seus folguedos, montando a cavalo em pelo. Certo dia, brincava perto de um riacho com um menino da sua idade. Enfurecida por qualquer razão, manda o garoto, numa praga, para o reino de Rossalka, o temido demônio feminino das lendas da Ucrânia. Por trágica coincidência, o menino morre afogado ao fugir apavorado, aumentando ainda mais a aura estranha em torno dela. Seu avô era então o governador de Saratov, onde vivia num velho castelo em que a pequena gostava de brincar. O que a atraía, entretanto, não eram os salões luxuosamente adornados à francesa e sim os subterrâneos onde ninguém entrava porque eram, segundo a tradição, assombrados por aqueles que ali haviam morrido acorrentados. Muitas vezes, o avô teve que mandar grupos de servos com archotes à procura de sua neta no meio desse labirinto de celas e passagens; ela era encontrada perdida em contemplação junto a algum esqueleto. Apesar dessas fugas, das corridas loucas nos campos, a jovem recebeu uma instrução tradicional. Lia e falava correntemente o francês, fazia trabalhos manuais, estudava piano, pintava aquarela. Seguia o modelo tradicional da época, em que uma moça nobre devia ser um objeto de adorno para os salões iluminados. Convém observar que H. P. B. não recebeu qualquer instrução de grau universitário, fato que mais tarde iria surpreender muita gente, tal o grau de erudição por ela demonstrado nos mais diversos campos. Aos 18 anos é obrigada a se casar com o General Nikifor Vassilyevich Blavatsky, vários anos mais velho que ela. De modo algum ela se submete ao marido, e ele a mantém praticamente prisioneira, com guarda permanente para evitar que fuja. No entanto, ela consegue burlar a vigilância e escapar. Auxiliada financeiramente pelo pai, começa uma das mais extraordinárias vidas de que já se tenha ouvido falar. É impressionante o número de viagens que ela fez e de regiões visitadas por ela. Façamos um rápido resumo:

1849-50 – Cruza a Turquia, a Grécia, o Egito e atinge a França.

1851 – Encontra pela primeira vez o seu mestre, aquele que iria, daí por diante, orientar a sua vida espiritual.

1851 (outono) – Parte para o Canadá, onde irá investigar a maneira de viver dos índios. Junta-se a uma tribo próximo a Quebec e permanece durante algum tempo estudando a medicina natural. Pouco depois vamos encontrá-la na sua passagem por Nauvoo, Illinois, procurando conhecer a comunidade Mórmon, que tinha se deslocado para Salt Lake City, no estado de Utah.

1851 (inverno) – Vamos encontrá-la às voltas com o ritual de feitiçaria vodu em Nova Orleans. Parte para o Texas em direção à América Central, via México.

1852 – Encontra no Texas um velho canadense, chamado Père Jacques, famoso pelos seus poderes divinatórios. Chega ao Peru. No seu livro *Ísis sem Véu*, descreveu com detalhes vários templos que existiam ali.

1852 (verão-inverno) – Encontra nas Índias Ocidentais um inglês que havia conhecido na Alemanha e que estava empreendendo a mesma busca que ela. No México conhecera um hindu interessado nas mesmas pesquisas do sobrenatural. Vamos encontrar os três dando a volta à África num navio e chegando ao Ceilão no final desse mesmo ano.

1852-1853 – Faz a primeira tentativa para penetrar no Tibete. É presa pelos ingleses e levada de volta para a Índia. Vai então para o sul do país e depois para Cingapura e Java, de onde volta para a Inglaterra.

1853 (outono) – Está na Inglaterra. É a época da Guerra da Criméia. Helena Blavatsky atua como solista de piano na Philarmonic Society em Londres. Convém observar que H. P. B. era uma extraordinária pianista, tendo sido aluna de Ignaz Moscheles.

1854 (verão) – Há registros de sua passagem por Nova York e Chicago. Cruza os Estados Unidos na direção oeste e, com um grupo de emigrantes, chega à Califórnia.

1855-6 – Parte para o Oriente. Atinge o Japão onde encontra os membros da mais esotérica das seitas: os Yamabuchis. Deve ter sido por eles iniciada em alguns dos seus mistérios. Na sua obra *Glossário Teosófico* assim se expressa: "YAMABOOSHEE, ou Yamabusi (jap.). Uma seita do Japão, muito antiga, integrada por místicos de grande sabedoria. São monges militantes e guerreiros, se necessário, como são certos ioguis no Rajputana na Índia, e os Lamas do Tibete. Essa fraternidade mística fica próxima a Kyoto e é notável pelos seus poderes de cura".

Nesse mesmo ano, vamos encontrá-la na Índia, onde visita a Caxemira, Ladkh, a fronteira com o Tibete e a Birmânia. Dá novamente uma rápida escapada até Java.

1857 – Retorna à Europa.

1858 – Há traços de sua passagem pela França e pela Alemanha, tendo chegado à cidade de Pskov, na Rússia, na noite de Natal, para grande espanto de sua irmã Vera.

1859 (primavera) – Está com o pai em São Petersburgo.

1860 (primavera e verão) – Parte para Tiflis, para visitar os avós. Mora com eles durante um ano.

1861 – Mora durante um ano em Tiflis, com o marido. Numa carta, ela diz: "Foi em 1861 que voltei a Tiflis e me reconciliei com Blavatsky, tendo morado com ele na mesma casa durante um ano. Mas faltou-me paciência para viver com um tolo, e o deixei de novo".

1863-1864 – Passagem pela região do Cáucaso. Viaja para Imeretia, Guriya e Mingreliya nas florestas virgens da Abhasia.

1865 – Cruza os Estados Bálticos, o Egito, a Síria e a Itália.

1865 (verão) – H. P. B. está em Petrovsk, no Cáucaso. Volta à Itália.

1865-1867 – Consegue penetrar no Tibete, onde recebe instruções num mosteiro na região de Chigadze.

1867 (primavera) – Novamente na região balcânica, em particular na Hungria. Há notas manuscritas em que ela fala da sua jornada de barco pelo Danúbio e de diligências passando pelas cidades de Brasso, Szeben, Fehervar, Belgrado e outras.

1867 (outono) – É encontrada em Bolonha, na Itália, onde está envolvida com os revolucionários italianos. Lutou ao lado de Garibaldi na Batalha de Mentana, onde foi ferida no dia 2 de novembro.

1868 – Vamos encontrá-la em Florença, de onde parte para Belgrado, na Iugoslávia, e daí para Constantinopla. Depois de algum tempo na Turquia dirige-se mais uma vez para a Índia.

1868 – H. P. B. está mais uma vez no Tibete em companhia do seu mestre.

1869-1870 – Permanece recebendo treinamento em vários mosteiros tibetanos. Há uma carta entregue à sua tia, em Odessa, na Rússia, que diz: "Os nobres parentes de Mad. H. Blavatsky não têm qualquer motivo para preocupação. A filha e sobrinha deles não deixou este mundo. Está viva e deseja que aqueles que a amam saibam que está bem e sente-se muito feliz nesse distante e desconhecido local que escolheu para si. Esteve muito doente, mas já está boa; graças à proteção do Senhor Sang-gyas encontrou amigos devotados que cuidaram dela tanto física como espiritualmente. Que as senhoras fiquem portanto calmas. Antes de dezoito novas luas terem surgido, ela voltará para a sua família".

1870 – No final desse ano está na Índia, retornando depois para a Europa pelo Canal de Suez.

1871 (verão) – Parte para o Egito, procedente do porto grego de Pireu, a bordo do SS Eunomia que afundou em decorrência de uma explosão, entre as ilhas de Doxos e Hydra, no dia 21 de junho. Esse fato é mencionado como tendo sido produzido pelos homens de preto para destruí-la pelo fato de ter sido iniciada nas Estâncias de Dzyan. Seja como for, Helena Blavatsky foi uma das poucas sobreviventes da catástrofe, tendo recebido toda assistência do governo grego que a envia a Alexandria, no Egito.

1871 (outono) – Forma uma Sociedade Espírita, no Cairo, a fim de investigar os fenômenos mediúnicos. Fracassa no empreendimento. Parte do Cairo em abril de 1872, indo para a Síria e a Palestina. Entra em contato com a comunidade dos Druzos do Monte Líbano.

1872 (verão) – Retorna a Odessa antes das dezoito luas, conforme indicado por seu mestre, mas não permanece por muito tempo.

1873 – Já está na Romênia, em Bucareste, de onde parte para Paris, indo residir com o seu primo na Rue de l'Université, 11. Subitamente parte para a América, onde chega no dia 7 de julho. Passa dificuldades financeiras em decorrência da morte de seu pai. Trabalha na imprensa, escreve artigos para jornais russos e faz traduções. Muda-se constantemente. É intensa a curiosidade que desperta em todos os círculos.

1874 – É enviada para presenciar os estranhos acontecimentos espíritas ocorridos no caso dos Eddy, em

Vermont. Lá encontra, no dia 14 de outubro, o seu companheiro de ideal, o Coronel Henry Steel Olcott, que estava em missão jornalística. Escreve, em consequência, um artigo intitulado "As manifestações Eddy" para o *The Daily Graphic*.

1875 – Entre inúmeras atividades, funda a Sociedade Teosófica, que iria ter uma atuação marcante na formação do mundo do século XX.

1876 – Escreve sem parar *Ísis sem Véu*, que seria o seu primeiro marco como ocultista. Colabora em vários jornais norte-americanos e russos.

1878 – Naturaliza-se norte-americana. Parte para a Índia mais uma vez, no SS Canadá, em companhia de Henry Olcott.

1879 – Permanece algum tempo em Bombaim, morando em Girgaum Back Road 108, no bairro nativo da cidade. Encontra-se com Alfred Sinnett, chefe da redação do jornal *The Pioneer*, que exercia grande influência na Índia. Visita as cidades do norte da Índia e também as grutas de Karli, Rajputana, Allahabad, Cawnpore, Jajmow, Butpore, Jeypore, Amber, Meerut e outras.

1880 – Intensa atividade de propagação da Teosofia. Parte para o Ceilão, onde recebe a consagração como budista. Volta à Índia, onde visita Simla, Amritsar, Benares.

1881 – Novamente em Simla, Umballa, Dhra Dun, Saharanpore, Meerut e outras.

1882 – H. P. B. está em plena atividade na Índia. Seu dinamismo é surpreendente. No dia 9 de outubro está novamente em território tibetano nas fronteiras do Sikkim. Nesse ano é comprado o parque de Adyar, em Madras, local em que até hoje está situada a Sociedade Teosófica.

1883 – Esse foi um ano em que novamente desenvolve inúmeras atividades na Índia.

1884 – Volta à França, onde trabalha na sua obra máxima *A Doutrina Secreta*. Visita a Inglaterra no interesse do trabalho, bem como a Alemanha. Em novembro encontra-se no Cairo com o célebre egiptólogo Maspero. Parte para o Ceilão, onde chega no dia 17 de dezembro. Em dezembro a Sociedade de Pesquisas Psíquicas publica o seu primeiro relatório confidencial a respeito dos estranhos poderes de H. P. B.

1885 – Adoece a ponto de todos pensarem que está para morrer. Subitamente, restabelece-se. Deixa a Índia, para nunca mais voltar, a bordo do navio S. S. Tibre. Hospeda-se na Torre del Greco próximo a Nápoles. Visita a Suíça de passagem e instala-se em Wurzburg, na Ludwigstrasse, nº 6. Mergulha firme na elaboração da *Doutrina Secreta*. O segundo relatório da Sociedade de Pesquisas Psíquicas é publicado. Nele, o pesquisador Richard Hodgson revela que todas as cartas e fenômenos ocorridos pela atuação de H. P. B. seriam forjados. O escândalo é enorme. Blavatsky defende-se provando por todos os meios a sua inocência, mas a calúnia é insidiosa e iria durante anos refletir-se na sua imagem. Depois da sua morte ficou definitivamente afastada qualquer possibilidade de fraude. É provado que Hodgson tinha sido ludibriado na sua fé pelo casal Coulamb, que havia forjado as provas contra H. P. B. e que, por trás de todos os acontecimentos, estavam alguns missionários da Índia que viam com temor o avanço das ideias defendidas por Blavatsky. Jacques Lantier, no livro publicado em 1970, *La Théosophie ou l'invasion de la spiritualité orientale*, reconhece que "o escândalo orquestrado visivelmente pelo governo inglês e pelas missões atingiu o mundo inteiro. Exageraram nas conclusões denunciadas".

1886 – Continua em Wurzburg, escrevendo *A Doutrina Secreta*. Em julho parte para Ostende, na Bélgica.

1887 – Fica gravemente enferma. O término de *A Doutrina Secreta* parece cada vez mais difícil. Reúne todas as suas forças e continua a trabalhar infatigavelmente. Muda-se para Londres, onde passa a residir na Lansdowe Road.

1888 – Em outubro é publicado em dois volumes o livro *A Doutrina Secreta*. A pequena edição de 500 exemplares esgota-se rapidamente.

1889 – Reside na França, em Fontainebleau, onde escreve *Voz do Silêncio*. Nesse mesmo ano surge *A Chave da Teosofia*.

1890 – Já muito doente, continua o seu trabalho de difusão da sabedoria antiga.

1891 – No dia 8 de maio, em Londres, morre H. P. B.

Todos esses acontecimentos, aqui apresentados de forma quase telegráfica, permitem situar a sua figura impressionante no cenário mundial. Sua vida foi um turbilhão de acontecimentos, desde o nascimento até o dia em que fechou os olhos. A maldição que caiu sobre si foi a de auxiliar o nascimento de uma nova consciência do ser humano. Sua participação no plano do pensamento é tão importante quanto a de Einstein na revolução da física de Newton. O Programa Original da Sociedade Teosófica, emitido por ela em 1886, é tão importante para o mundo quanto a Carta das Nações Unidas. Os seus objetivos são os seguintes:

1. A fraternidade universal.
2. Seus membros não deverão ser distinguidos por raça, credo ou posição social; cada um deles deverá ser avaliado de acordo com os seus méritos pessoais.
3. Estudar as filosofias do Oriente – especialmente as da Índia, apresentando-as gradualmente ao público em vários trabalhos que interpretarão as religiões esotéricas à luz dos ensinamentos esotéricos.
4. Opor-se ao materialismo e ao dogmatismo teológico de todas as maneiras possíveis, demonstrando a existência de forças desconhecidas da ciência na natureza e a presença de poderes psíquicos e espirituais no homem.

A importância desses ensinamentos no mundo de hoje é enorme. Vivemos o limiar de uma real unificação dos povos acima de todas as divisões ilusórias de fronteiras. O planeta em que vivemos é um só. Os nossos problemas dizem respeito a toda a raça humana. Desse modo, a Fraternidade Universal como uma vivência terá de nascer. Teilhard de Chardin, entre os pensadores cristãos, foi um defensor desse novo mundo. Do mesmo modo, o filósofo Aurobindo, na Índia, falava a mesma linguagem. Aos poucos, apesar de todos os esforços dos homens de preto que jamais descansam, o limiar de uma nova era está nascendo. Foi essa a extraordinária missão recebida por Helena Petrovna Blavatsky. A sua bendita maldição.

Prefácio

As *Estâncias de Dzyan* são, de fato, a estrutura sobre a qual e em torno da qual foi escrita a extraordinária obra de H. P. Blavatsky, *A Doutrina Secreta*. Ou, para usar outra imagem, são como os troncos das árvores de uma floresta cobertos e cercados por uma densa camada inferior de vegetação rasteira que os envolve. Diz o provérbio que, às vezes, não se pode ver a floresta devido às árvores, mas que, com mais frequência, não conseguimos ver as árvores devido a essa vegetação rasteira. O objetivo deste livro é revelar a estrutura, trazer para primeiro plano os troncos das árvores pelo corte da vegetação rasteira para que, assim, a estrutura do todo possa tornar-se mais visível e mais facilmente apreciada.

No entanto, para a maioria das pessoas, as Estâncias, quando vistas separadamente, pareceriam de substância demasiadamente rarefeita.

Para dar-lhes corpo foram incluídos os Prólogos e Epílogos de autoria de H. P. B. O mesmo foi feito com os títulos das Estâncias dos dois livros, e com cada verso do Segundo Livro. Tudo foi trabalho de H. P. B. Basta esse motivo para que devam ser mantidos e estudados. Eles exprimem, em poucas palavras, o conteúdo essencial do verso e da estância, desse modo servindo de valioso auxílio para a compreensão das Estâncias, do mesmo modo que as breves notas explicativas acrescentadas aos versos e tiradas de comentários mais extensos.

H. P. B. diz que o livro de que foram tiradas as Estâncias "não existe em nenhuma das bibliotecas europeias, é absolutamente desconhecido dos nossos filólogos, que, dele, sob esse nome, jamais ouviram falar. *O Livro de Dzyan* – nome derivado da palavra sânscrita *dhyana* (meditação mística) – é o primeiro volume dos *Comentários* (em 14 volumes) sobre os sete livros secretos de Kiu-ti, e um glossário das obras públicas do mesmo nome. Trinta e cinco volumes do Kiu-ti, destinados a fins esotéricos e para uso dos leigos, podem ser encontrados em poder dos Lamas Gelugpa tibetanos, na biblioteca de qualquer convento budista; como também 14 livros (ou volumes) dos *Comentários*, bem como anotações sobre a mesma obra de autoria dos primitivos Instrutores. Estritamente falando, esses 35 volumes deveriam ser considerados como a "versão popular" da doutrina secreta, versão cheia de mitos, fantasias e erros; por outro lado, os 14 volumes dos *Comentários* – com as respectivas traduções e anotações e um amplo glossário de termos ocultos tirados de um pequeno fólio arcaico, o *Livro da Sabedoria Secreta do Mundo* – contêm um resumo de todas as ciências ocultas. Estes, pelo que se sabe, mantidos em segredo e à parte, estão sob a responsabilidade do Teshu Lama de Tjigad-je. Os (35) livros esotéricos de *Kiu-ti* são relativamente modernos, uma vez que foram editados no decorrer do último milênio, enquanto os primeiros (dos 14) volumes dos *Comentários* são de uma antiguidade desconhecida, e deles preservaram-se alguns fragmentos dos cilindros originais. Exceto o fato de explicarem e corrigirem algumas narrativas fabulosas e, segundo tudo faz crer, grosseiramente exageradas dos livros (esotéricos) de *Kiu-ti* – assim corretamente chamados – os *Comentários* pouco têm a ver com aqueles. Nenhum estudante, a menos que seja muito pouco instruído, poderia beneficiar-se com o manuseio desses volumes esotéricos. Devem ser lidos com o auxílio de uma chave para compreensão de seu significado, chave essa que só pode ser encontrada nos *Comentários*.*

Do que foi dito acima, torna-se claro que precisamos distinguir entre os três grupos dos livros de *Kiu-ti*:

1. Sete volumes *secretos*;
2. Quatorze volumes de *Comentários*, anotações e um glossário para uso dos iniciados;

---

* *Doutrina Secreta*, I, xxii, D.S.³, 405/6.

3. Trinta e cinco volumes *exotéricos*.

Além disso, parece que as *Estâncias de Dzyan* foram tiradas do primeiro volume do segundo grupo. Verificamos, também, que em toda a extensão de *A Doutrina Secreta* extraíram-se muitas passagens desse mesmo grupo dos *Comentários*. A própria H. P. B. reconheceu o fato na parte final do seu Segundo Livro das Estâncias. "Esta parte da *Doutrina Secreta*" – afirma – "deve ser encerrada. Os quarenta e nove versos* do (Segundo Livro) e os poucos fragmentos dos *Comentários* que vêm citados são tudo que pode ser publicado nesses volumes. Essas citações, a par de outras muito mais antigas (os sete volumes secretos) – às quais ninguém tem acesso, a não ser os mais altos iniciados – e toda biblioteca de comentários, glossários e explicações, constituem a sinopse da gênese do homem. Extraímos dos *Comentários* tudo que citamos até aqui, e tentamos explicar o significado oculto de algumas alegorias."**

H. P. B. conhecia, no mínimo, diversos trechos desses livros. Certa vez, o Mestre K. H. deu o seguinte conselho a A. P. Sinnett: "Leia o livro de *Kiu-ti*" – e acrescentou: "H. P. B. pode traduzir-lhe alguns parágrafos, uma vez que os conhece de cor".*** O que ela fez, realmente, como se pode ver de algumas notas manuscritas tira-

---

* O original diz "Estâncias" em lugar de "versos". Contudo, o Livro II contém apenas 12 estâncias, com 49 versos ao todo. Para melhor compreensão, os versos do Livro I foram também numerados consecutivamente na presente edição. Esse primeiro livro contém sete estâncias com 53 versos.
** *Doutrina Secreta*, II, 437.
*** *Cartas dos Mestres*, 285.

das do *Livro de Kiu-ti* que circularam entre os membros mais antigos durante os primeiros anos da Sociedade Teosófica.* Outros trechos do Livro IV de *Kiu-ti*, o capítulo sobre "As Leis do Upasanas" (Discipulado), são encontrados num artigo escrito por H. P. B.: "Chelas e Chelas Leigos" (Discípulos e Discípulos Leigos).**

Quanto ao idioma das Estâncias, H. P. B. diz o seguinte: "As Estâncias são transmitidas na sua versão moderna traduzida,*** uma vez que seria absolutamente inútil tornar o assunto ainda mais difícil pela introdução da fraseologia arcaica do original com seu estilo e suas palavras enigmáticas. Os trechos são publicados segundo as traduções chinesa, tibetana e sânscrita dos *Comentários* originais escritos na língua senzar, e as notas explicativas sobre *O Livro de Dzyan* – agora traduzidas pela primeira vez para um idioma europeu. Se publicadas na íntegra, permaneceriam incompreensíveis para todos, com exceção de alguns poucos dos mais altos ocultistas. Pouco mais do que a maioria dos profanos, a escritora, ou melhor, a humilde copista, compreende essas passagens proibidas. Para facilitar a leitura e evitar referências demasiadamente frequentes

---

* Publicadas por C. Jinarajadasa no livro *The Early Teachings of the Masters*, 1923, pp. 184/193.

** *The Theosophist*, Suplemento, julho de 1883, p. 10; *Five Years of Theosophy*, p. 31.

*** Não sei ao certo o que isso quer dizer. Simplesmente: "na sua moderna tradução ou versão inglesa", deixando de lado a língua da qual foram traduzidas? Ou: "na sua tradução inglesa das versões do chinês, tibetano ou sânscrito modernos?" Julgo tratar-se desta última língua. Ver o texto acima e a página seguinte.

às notas de rodapé, verificou-se que seria melhor combinar textos e glossários usando nomes próprios sânscritos e tibetanos todas as vezes que não fosse possível evitá-los, de preferência a citar os originais (senzar). Tanto mais quanto os citados termos (sânscritos e tibetanos) são todos sinônimos, ao passo que aqueles (isto é, os termos originais senzar) somente são usados entre um Mestre e seus discípulos".

E acrescenta algumas palavras sobre o senzar, "a língua sacerdotal secreta, a língua misteriosa dos iniciados. Houve uma época em que essa língua era conhecida pelos iniciados de todos os países, quando os ancestrais dos toltecas as compreendiam tão facilmente como os habitantes da desaparecida Atlântida, que a herdaram dos sábios da terceira raça-raiz que, por sua vez, aprenderam diretamente dos deuses da segunda e da primeira raça. Foi essa a língua primitiva da quinta raça, a raiz do sânscrito (posterior). Atualmente, o senzar só é perfeitamente conhecido por pouquíssimas pessoas, já que há mais de cinco mil anos as massas o encaram como uma língua absolutamente morta. Essa linguagem misteriosa das raças pré-históricas possuía escrita própria, uma escrita hieroglífica e cifrada, que ainda hoje é preservada por algumas fraternidades. Não é fonética, mas sim uma escrita puramente pictórica e simbólica.*

---

* O texto original fala de "língua" em vez de "escrita". D. S.¹, I xliii, II, 200, 438, 574. Já em *Ísis sem Véu*, onze anos antes, H. P. B. fizera menção aos "caracteres senzar (ou língua do Sol) o (antigo sânscrito)". (1,440). Veja, ainda, *O Homem, Fragmentos da História Perdida*, 1885, p. 99.

E prosseguindo sobre as Estâncias: "Se fossem traduzidas para o inglês usando apenas os substantivos e os termos técnicos tal como empregados numa das versões em tibetano e sânscrito,* eu leria o verso da seguinte maneira: 'Tho-ag em Zhi-gyu dormiu sete Khorlo. Zodmanas zhiba. Todo Nyug fundo. Konch-hog não; Thyan-Kam não; Lha-Chohan não; Tenbrel Chug-nyi não; Dharmakaya cessou; Tgenchang não se tornou; Barnang e Ssa em Ngovonyidj; somente Thog-og Yinsin em noite de Sun-chan e Yong-grub (Parinishpanna), etc., etc.; o que pareceria um autêntico quebra-cabeça. Uma vez que essa obra (*A Doutrina Secreta*) foi escrita para instrução dos estudantes de ocultismo, e não em benefício de filólogos, devemos, sempre que possível, evitar essas palavras estrangeiras. Só foram mantidos os termos intraduzíveis e incompreensíveis quando não devidamente explicados os respectivos significados, mas todos esses termos foram transcritos em sua forma sânscrita (ou tibetana). Essas formas sânscritas são, em quase todos os casos, o desenvolvimento posterior daquela língua (o sânscrito) e pertencem à quinta raça-raiz.**

Sob certos aspectos, a presente edição é uma tentativa inteiramente nova. Ela tenta fazer com que a Doutrina Secreta fale apenas o inglês. Esta é uma edição "popular", não destinada a eruditos, mas à pessoa co-

---

* O texto original traz "senzar", em vez de "sânscrito". Pelo que foi dito acima sobre a natureza secreta do senzar, trata-se de um engano perfeitamente óbvio.
** *Doutrina Secreta¹*, I, 22/3.

mum que só conhece uma língua. Gostaria de ver o livro circulando de mão em mão. Acredito na língua inglesa, no seu poder de expressar adequadamente até os conceitos mais abstratos, desde que convenientemente preparada para isso. Esta edição é um esforço nesse sentido. Para tanto, avancei muito mais que H. P. B. ao corrigir o texto das "palavras estrangeiras". Somente algumas dessas palavras – karma, yoga, Arhat – foram mantidas, enquanto todas as demais foram substituídas pelos seus termos em inglês, selecionados entre os fornecidos pela própria H. P. B. Em anexo, uma lista em ordem alfabética desses termos técnicos, com os respectivos originais chineses, tibetanos ou sânscritos.

Obteve-se outra ligeira simplificação do texto mediante o emprego mais econômico das maiúsculas iniciais. Estas foram mantidas de modo geral, mas somente em se tratando de nomes próprios e de pessoas, do mesmo modo que, obviamente, nos casos de respeito e ênfase. Na pronúncia e na pontuação visou-se manter a concordância geral.

Os Prólogos e Epílogos de H. P. B. foram mais abreviados, bem como corrigidas as palavras estrangeiras e as maiúsculas. Seu estilo era muitas vezes digressivo. Foram igualmente desprezados todos os assuntos irrelevantes para o problema imediato, da mesma maneira que todas as referências e anotações extraídas de outras obras. Fui encorajado a executar essas abreviações pela observação do Mestre K. H. de que, aquilo que na *Doutrina Secreta* H. P. B. "não *anotou* de obras científicas e de

outras, nós (os Adeptos), lhe fornecemos ou *sugerimos*".*
Cabe-nos, pois, estabelecer a necessária distinção entre o que foi escrito por H. P. B. e o que foi *sugerido* pelos Mestres, e o que é uma anotação por ela copiada de outros livros e de outros autores. Desprezando as últimas, procurei oferecer nesta obra o que, de fato, pode ser chamado de "a essência da Doutrina Secreta".

Arya Asanga

---

* *Cartas dos Mestres de Sabedoria*, I, 54.

Glossário de termos técnicos

Absoluto	*Brahma, Parabrahman*
Alma purificada	*Dangma*
Arquivista	*Lipika*
Bem-aventurança	*Nirvana*
Bem-aventurança suprema	*Pari-nirvâna, Parinishpanna, Yong Grub*
Causa da existência e da miséria	*Nidana*
Causa primitiva, causa suprema da existência	*Âdi-nidana*
Céu melodioso de som	*Kwan Yin Tien*
Criador	*Brahma*
Demônio	*Asura*
Demônio feminino	*Khado, Dakini*
Desejo	*Kâma*
Deuses	*Suras*
Discípulo	*Lanu*
Dissolução	*Pralaya*

Espaço-mãe	*Aditi*
Espírito(s)	*Lha, Lhamayin*
Espírito divino	*Nârâyana*
Espírito, Ego	*Âtma*
Éter	*Âkâsha*
Evolução	*Manvantara*
Fantasma	*Bhûta*
Filho da sabedoria	*Manasa*
Forma	*Rûpa*
Fração	*Tsan*
Grande	*Mahâ, Mahat*
Homem, pensador	*Manu*
Humano	*Manushya*
Idade	*Kalpa*
Ilusão	*Mâyâ*
Inteligência, alma espiritual	*Buddhi*
Inteligências Espirituais	*Dhyan Chohans*
Irracionalidade	*Amanasa*
Logos, verbo, palavra discurso, voz, som	*Kwan Shai Yin*
Lótus-mãe	*Mâtri-padma*
Lua	*Soma*
Mãe da misericórdia e do conhecimento	*Kwan Yin*
Mãe dos deuses	*Deva-mâtri*
Matéria-raiz	*Mûlaprakriti*
Meditação, contemplação, inteligência	*Dhyâna, Dzyan*
Mente	*Manas*
Nosso universo	*Sien Tchan*
Órfão	*Anupâdaka*
O ser, a existência	*Sat*
Pai dos deuses	*Oi-há-hou*
Pai-mãe dos deuses	*Oeaohu*

Pais, progenitores	*Pitris*
Pátio	*Yati*
Plano	*Lôka*
Poder criador (energia, essência do Logos)	*Shakti, Fohat*
Poder mágico, poder criador	*Kriyâshakti*
Primeiro, primitivo	*Âdi*
Primitivo, ancião	*Âdi-sanat*
Primitivo, primeiro	*Âdi*
Quatro	*Chatur*
Realidade absoluta	*Paramârtha*
Sabedoria coletiva, meditação	*Dzyu*
Sábio	*Rishi*
Semente	*Shishta*
Sem-forma, informe	*Arûpa*
Senhor	*Chohan*
Ser Celestial	*Âh-hi*
Serpente	*Sarpa*
Sete	*Sapta*
Setifólio	*Sapta-parna*
Sombra	*Chhâya*
Substância-raiz	*Svabhâvat*
Superalma, alma-reserva	*Âlaya*
Supremo poder criador	*Âdhi-Shakti*
Terra	*Bhûmi*
Três	*Tri*
Trinta	*Tridasha*
Turbilhão ígneo	*Fohat*
Um	*Eka*
Veículo	*Vâhan*
Verso	*Shloka*
Vida	*Jîva*
Zero	*Laya*

Sabedoria Eterna

Livro I
Cosmogênese

Nada existia, nem coisa alguma; também não existia
O céu luminoso, e nem o grande dossel celeste
abria-se lá em cima.
O que cobria tudo? O que dava abrigo?
O que estava oculto?
Seria o abismo sem fundo da água?
Não havia morte – entretanto, nada era imortal,
Não havia fronteiras entre o dia e a noite;
Somente o Um respirava exânime por Si Mesmo,
Além Dele nada existia,
Havia as trevas, e a princípio tudo estava imerso
Na escuridão profunda – um oceano sem luz –
O germe que ainda está oculto na casca
Germina, uma natureza, ao calor tórrido...
Quem conhece o segredo? Quem o anunciou?
De onde, de onde surgiu essa criação multiforme?
Os próprios deuses só nasceram mais tarde –
Quem sabe de onde surgiu essa manifestação multiforme?
De que, de onde essa grande criação surgiu,
Se a sua vontade foi quem criou ou quedou-se muda,
O Altíssimo Vidente que está no céu mais alto,
Ele o sabe – ou talvez nem mesmo Ele saiba.

Rig Veda, X, 129

Introdução

1 A autora tem diante dos olhos um manuscrito arcaico – uma coleção de folhas de palmeira impermeabilizadas contra a água, o fogo e o ar por um processo específico desconhecido. Na primeira página existe apenas um disco de brancura imaculada no interior de um fundo preto. Na página seguinte, o mesmo disco, mas com um ponto ao centro. A primeira, como sabem os estudantes, representa o cosmos na eternidade, antes de um novo despertar da energia ainda em repouso, a emanação do Verbo (ou Logos) nos sistemas anteriores. O ponto colocado no centro do disco imaculado, espaço e eternidade em dissolução, representa a aurora da diferenciação. É o ponto do ovo cósmico, o germe em cujo interior este último se transformará no universo, o TODO, o cosmos periódico e ilimitado, uma vez que esse germe sempre esteve latente e ativo, periodicamente e por turnos.

O círculo é a unidade divina da qual tudo procede, e para a qual tudo há de voltar. Sua circunferência indica a PRESENÇA abstrata, sempre incognoscível, e sua natureza é a ALMA UNIVERSAL, embora ambas sejam uma só. O simples fato de ser a face do disco imaculadamente branca, e preto o fundo em que se apoia, mostra claramente que o seu plano é o único conhecimento, apesar de ainda vago e nebuloso, que o homem pode atingir. É nesse plano que começam as manifestações evolucionárias; porque é essa ALMA que adormece, durante a dissolução, o pensamento divino,* no qual permanece oculto o plano de todas as cosmogonias e teogonias futuras.

---

* A expressão "pensamento divino", do mesmo modo que a "mente universal", não deve ser encarada nem mesmo vagamente como significando um processo intelectual semelhante ao que o ser humano possui. Somente aqueles que compreendem o quanto a intuição se afasta do vagaroso processo do raciocínio, podem ter uma vaga ideia dessa sabedoria absoluta que transcende a noção de tempo e espaço. A mente, tal como a conhecemos, é conversível em estados de consciência de duração, intensidade, complexidade, etc., variáveis que, em última análise, repousam na sensação, que é uma ilusão. A sensação implica necessariamente limitação. O Deus pessoal do teísmo ortodoxo percebe, pensa e é afetado pela emoção; arrepende-se e sente-se "ferozmente irado". Contudo, a noção desses estados mentais envolve claramente o inconcebível postulado da exteriorização dos estímulos excitantes, isso para não falar da impossibilidade de atribuir imutabilidade a um ser cujas emoções flutuam segundo os acontecimentos que ocorrem no mundo que dirige. As concepções de um Deus pessoal imutável e infinito são, portanto, contrárias à psicologia e, o que ainda é pior, contrárias a qualquer princípio filosófico.

2   Ele (o Absoluto) é a VIDA UNA, eterna, invisível, mas onipresente, sem princípio nem fim, e entretanto periódica nas suas manifestações regulares, entre cujos intervalos reina o sombrio mistério do não ser; inconsciente, mas absolutamente conscientizado; irrealizável, mas a única realidade autoexistente; na verdade, "um caos para os sentidos, um cosmos para a razão". Seu único atributo absoluto, que é ELE MESMO, a moção eterna e incessante, chamada na língua esotérica de "o Grande Alento", que é a moção perpétua do universo no sentido do ESPAÇO ilimitado e onipresente. O que é inerte não pode ser divino. Mas então, não existe nada de fato e realmente que seja absolutamente imóvel no interior da alma universal.

Desde o início da sucessão do homem, desde o primeiro aparecimento dos arquitetos do globo em que ele vive, a Divindade irrevelada foi reconhecida e considerada sob o seu único aspecto filosófico – a moção universal, o frêmito do alento criador na natureza. O ocultismo descreve a "existência única" da seguinte maneira: a Divindade é um arcano, o FOGO vivo (ou semovente) e as eternas testemunhas dessa presença invisível são a luz, o calor e a umidade – trindade que inclui e é a causa de todos os fenômenos da natureza. A

3   moção intracósmica é eterna e incessante; a moção cósmica (o que é visível, ou que está sujeito à percepção) é finita e periódica. Como abstração eterna é o ONIPRESENTE; como manifestação, é finita tanto na direção original como na direção oposta, e ambas são o alfa e o ômega de reconstruções sucessivas. O cosmos – o NOUMENON – nada tem a ver com as relações causais do mundo fenomenal. Somente no que diz respeito à alma intracósmica, o cosmos ideal existente na mente divina imutável, é que podemos dizer: "Nunca teve princípio, nem terá fim". Relativamente a seu corpo ou organização cósmica, embora seja impossível dizer que teve uma construção inicial ou terá uma construção derradeira, a cada nova evolução sua organização deve ser encarada como a primeira e última espécie, pois a cada vez evoluciona num plano mais elevado.

"A doutrina esotérica ensina que uma essência infinita e desconhecida existe desde a eternidade, e que no decorrer de sucessões regulares e harmoniosas é ou passiva ou ativa. Após o início de um período de atividade, diz a Doutrina Secreta, ocorre uma expansão dessa essência divina *de dentro para fora*,* em obediência à lei eterna e imutável, e o universo fenomenal ou visível é o resultado final da imensa cadeia de forças cósmicas que,

---

* Assim descrito em *Ísis sem Véu* (II, 264-5), de onde foi tirado esse trecho. Nosso texto diz, erradamente, "de fora para dentro e de dentro para fora". A expansão ou manifestação do universo ocorre, naturalmente, "de dentro para fora", e a contração, ou dissolução, "de fora para dentro". (N. do E.)

desse modo, são postas em movimento. De maneira idêntica, quando recomeça a condição de passividade, registra-se uma contração da essência divina, e o trabalho anterior de criação diminui gradual e progressivamente. Desintegra-se o universo visível, e sua matéria é dispersada; e 'as trevas', solitárias e desertas estendem-se mais uma vez sobre a face do 'abismo'. Para usar de uma metáfora (extraída dos Livros Sagrados)* capaz de esclarecer melhor a ideia, uma exalação da 'essência desconhecida' cria o mundo; e uma inalação fá-lo desaparecer. Esse processo vem se repetindo desde a eternidade, e nosso universo atual é apenas um de uma série infinita que não teve princípio e nunca terá fim."

Essa passagem (de *Ísis sem Véu*) será explicada, tanto quanto possível, na presente obra. Muito embora, atualmente, não contenha nada de novo para o orientalista, sua interpretação esotérica possui um significado até hoje inteiramente desconhecido para o estudante ocidental.

❉ ❉ ❉

Sendo a primeira ilustração (no disco arcaico) um círculo plano ◯ , o segundo símbolo arcaico mostra o mesmo círculo tendo ao centro um ponto ⊙ – a primeira diferença registrada nas mani-

---

* As palavras entre aspas não são encontradas em *Ísis sem Véu*. Aqui, os Livros Sagrados são, provavelmente, os *Comentários de Kiu-ti*. (N. do E.)

festações periódicas da natureza eterna, o assexuado e infinito "espaço-mãe" no "AQUILO", o ponto no centro do círculo, ou o espaço potencial dentro do espaço abstrato. Em seu terceiro estágio o ponto transforma-se num diâmetro ⊖ , agora já simboliza uma mãe-natureza divina e imaculada, contida no interior do infinito absoluto que a tudo abarca. Quando o diâmetro é cortado por uma linha vertical ⊕ , transforma-se na cruz terrena. A humanidade já se achava na terceira raça-raiz; é o sinal que marca o começo da vida humana. Quando a circunferência desaparece para deixar apenas a $+$ é o sinal da descida do homem na matéria que anuncia o início da QUARTA raça-raiz. A cruz no interior do círculo simboliza o panteísmo puro; quando isolada, torna-se um símbolo fálico. Tem o mesmo significado, além de outros, de um TAU colocado no interior de um círculo ⊕ ou passa a ser "o martelo de Thor", a chamada cruz jaina, ou simplesmente a suástica no interior de um círculo ⊕ .

O terceiro símbolo – o círculo dividido em dois pela linha horizontal do diâmetro – significa a primeira manifestação da natureza criadora (ainda passiva, porque feminina). A primeira noção ainda obscura que o homem experimenta sobre a procriação é feminina, porque conhece a própria mãe mais que o próprio pai. Por isso, as divindades femininas eram mais sagradas que as masculinas. A natureza é, portanto, feminina e, até certo ponto, objetiva e tangível, enquanto o princípio espiritual que a fecunda permanece oculto. Acrescentando ao círculo, que já tem no interior a linha horizontal, outra linha perpendicular, forma-se o Tau – ⊤ – a forma antiga da própria letra. Foi o glifo da terceira raça-raiz até o dia de sua "queda" simbólica – isto é, quando ocorreu a separação dos sexos pela evolução natural – e quando a figura se transformou em ⊕, o círculo ou vida assexual foi modificado ou separado – um glifo duplo ou símbolo. Com as diversas sub-raças da nossa atual quinta raça-raiz transformou-se simbolicamente no *sacr** das primeiras raças formadas; então modificou-se no Tau egípcio ♀, (o emblema da vida), e mais tarde ainda no símbolo de Vênus ♀. Vêm, em seguida, a suástica (o martelo de Thor ou a atual "cruz hermética"), completamente separada do círculo original e, assim, transformando-se num símbolo puramente fálico. O símbolo esotérico da Kali Yuga é a estrela de cinco pontas invertidas ⛧ – símbolo da feitiçaria humana, com as duas pontas (cornos) voltadas para o céu, posição que qualquer ocultista poderá reconhecer como da "mão esquerda", e usada nos cerimoniais mágicos.

---

* Do qual derivam "sagrado" ou "sacramento", agora transformados em sinônimos de "santidade".

❋ ❋ ❋

O Absoluto não é Deus, porque não é um Deus. "É aquilo que é supremo, e não supremo." É supremo como CAUSA, e não supremo como EFEITO. É, simplesmente, como uma "realidade secundária", o cosmos que tudo abarca – ou melhor, o espaço cósmico infinito – no mais alto sentido espiritual, naturalmente, que constitui a raiz suprema, imutável, pura, livre, imperecível, "a ÚNICA existência verdadeira", e a inteligência e consciência absolutas não devem ser conhecidas, "porque AQUILO não pode ter nenhum sujeito de cognição". O Absoluto é, em suma, o agregado coletivo do cosmos na sua infinitude e eternidade, o AQUILO e o ISTO aos quais não se podem aplicar os agregados distributivos. "No princípio ISTO era o Ego, o único." ISTO refere-se ao Universo; o sentido das palavras "No princípio" significa antes da reprodução do Universo fenomênico.

Consequentemente, quando os panteístas repetem a Doutrina Secreta, que sustenta que ISTO não pode ser criado, não estão negando um criador, ou melhor, um *agregado coletivo* de criadores, mas apenas recusando-se a atribuir a criação, e sobretudo a formação, que são algo finito, a um princípio infinito. Para eles, o Absoluto é (im)passivo porque, como causa absoluta, é incondicionado. Somente a onisciência e a onipotência limitadas são recusadas ao último, porque ainda são atributos e porque o Absoluto, sendo o "TO-DO supremo", o eterno espírito invisível e alma da natureza, imutável e eterno, não pode ter atributos; é o princípio absoluto que exclui naturalmente toda e qualquer ideia de ligação com o finito ou condicionado. E uma vez que é impossível a existência de dois INFINITOS ou dois ABSOLUTOS num universo tido por ilimitado, essa autoexistência dificilmente pode ser concebida como pessoalmente criadora. No sentido e nas percepções dos "seres" finitos, ISTO é "não ser", na acepção de que é a única ASSEIDADE, porque nesse TODO jaz oculta sua emanação coeterna e coeva ou radiação inerente, que depois de se tornar periodicamente criadora (a potência macho-fêmea), transforma-se ou expande-se no universo manifestado. O espírito divino, que se move sobre as (abstratas) águas do espaço, é transformado nas águas da substância concreta que impulsiona e que então se transforma na Palavra ou Logos manifestado.

8   Os ortodoxos que mais combatem os panteístas, aos quais chamam de ateus, são forçados a aceitar a morte do Criador ao término de cada "idade" dessa divindade (criadora) (cem anos divinos – um período de tempo, que para ser traduzido pelos nossos anos terrestres, exige 15 algarismos – 311.040.000.000.000). Entretanto, nenhum filósofo poderá encarar essa "morte" em outro sentido que não como um desaparecimento temporário do plano manifestado da existência, ou como um repouso periódico.

Os ocultistas mostram a impossibilidade de aceitar em termos filosóficos a ideia do TODO absoluto criando, ou mesmo fazendo evoluir o "ovo dourado", em cujo interior é dito que penetrou a fim de transformar-se no criador, que mais tarde expande-se em deuses e em todo o universo visível. Sustentam que a unidade absoluta não pode passar para a infinidade; porque infinidade pressupõe a extensão ilimitada de *alguma coisa*, e a duração dessa "alguma coisa"; e o único TODO é como o espaço – que é sua única representação mental e física sobre a Terra, ou em nosso plano de existência – que não é objeto de percepção nem objeto a ser percebido. Se alguém pudesse supor o eterno e infinito Todo, a unidade onipresente, em vez de viver na eternidade, transformando-se mediante manifestações periódicas num universo multiforme ou numa personalidade múltipla, tal unidade deixaria de ser única. O espaço não é nem um "vácuo ilimitado" nem uma "plenitude condicionada", mas é ambas as coisas; sendo, no plano da abstração absoluta, a divindade eternamente incognoscível, que só é vacuidade para as mentes finitas e de percepção ilusória, o espaço cheio de matéria, o continente absoluto de tudo o que existe, manifestado ou imanifestado, e, portanto, esse

9 TODO ABSOLUTO. Não existe nenhuma diferença entre o que diz o apóstolo cristão: "Nele vivemos e nos movemos, e nele temos o nosso ser", e o que afirma o sábio hindu: "O universo vive nele, dele procede, e retornará ao criador", porque o Absoluto, o imanifestado, é esse universo *in abscondito*, e o criador, o manifestado, é o Logos, que os simbólicos dogmas ortodoxos transformaram em macho-fêmea. O Deus do apóstolo iniciado e o do sábio hindu são o ESPAÇO visível e invisível. No simbolismo esotérico o espaço é chamado de "o eterno pai-mãe de sete peles". É composto de sua superfície indiferenciada e de sua superfície diferenciada de sete camadas.

"O que é aquilo que foi, é, e será, quer exista ou não um universo, quer existam deuses ou não?", pergunta o Catecismo senzar esotérico. E responde – é o ESPAÇO.

Não é o desconhecido e onipresente Deus na natureza, ou a natureza *in abscondito* que é rejeitado, mas sim o Deus dos dogmas humanos e a sua "Palavra" (ou Logos) *humanizada*. Na sua infinita presunção e orgulho e vaidade inerentes, o homem, com mão sacrílega, deu-lhe forma com o material retirado de seu próprio e pequenino cérebro, e obrigou a humanidade a aceitá-lo como revelação direta do ESPAÇO único e irrevelado. O ocultista aceita a revelação provinda de seres divinos, embora finitos, vidas manifestadas, mas nunca de VI-

DA ÚNICA imanifestada; daquelas entidades, chamadas homens originais, os Espíritos Planetários de todas as nações, que se transformaram em deuses para os homens. Encara igualmente o supremo criador – a emanação direta da matéria-raiz, a eterna raiz do AQUILO, e o aspecto feminino da causa criadora em sua forma etérica de alma universal – como sendo, filosoficamente, uma ilusão, causa da ilusão humana. No entanto, essa opinião não o impede de acreditar na existência dessa ilusão enquanto ela existir, aguardando uma grande evolução; nem de lançar mão do éter, a radiação da matéria-raiz, para objetivos práticos, ligada como está a alma universal a todos os fenômenos naturais, conhecidos ou não da Ciência.

11 O Catecismo Oculto contém as seguintes perguntas a respostas:

"O que é o que sempre é?" É o espaço, o eterno órfão. "O que é o que sempre foi?" É o germe na raiz. "O que é que está sempre vindo e indo?" É o Grande Alento. "Então, existem três eternos?" Não, os três são um. O que sempre é, é um, o que sempre foi, é um, o que está sempre sendo e transformando-se também é um; e isso é o espaço."

"Explica, ó discípulo." – O Um é um círculo contínuo (anel) que não possui circunferência, porque não está em parte alguma e está em toda parte; o Um é o plano ilimitado do círculo que possui um diâmetro somente durante os períodos de evolução; o Um é o ponto indivisível que não está em parte alguma, mas que é percebido em toda parte durante esses períodos; é a vertical e a horizontal, o pai e a mãe, o cume e a base do pai, os dois extremos da mãe, não chegando realmente a parte alguma, porque o Um é o anel e também os anéis que estão dentro desse anel. É a luz nas trevas e as trevas na luz: é "o alento que é eterno". Vai de fora para dentro quando está em toda parte, e de dentro para fora quando não está em parte alguma (isto é, a ilusão, um dos centros).

12 Expande-se e contrai-se (exalação e inalação). Quando se expande, a mãe se propaga e se dispersa; quando se contrai, a mãe recua e se encolhe. Isso produz os períodos de evolução e dissolução. O germe é invisível e ígneo; a raiz (a área plana do círculo) é fria; no entanto, durante a evolução, sua roupagem é quente e radiante. O alento quente é o pai que devora os filhos do elemento multiface (heterogêneo); e abandona os de uma só face (homogêneos). O alento frio é a mãe, que concebe, forma, dá à luz, e recebe-os de volta ao próprio seio, para formá-los novamente ao raiar da aurora (do dia do criador ou evolução).

Para melhor compreensão do leitor comum, é preciso dizer que a Ciência Oculta reconhece a existência de *sete* elementos cósmicos – quatro inteiramente físicos, e o quinto (éter) semimaterial, que será visível na atmosfera em fins da nossa quarta ronda, para dominar completamente os outros elementos durante toda a quinta ronda. Os

13 dois elementos restantes ainda se encontram inteiramente fora do alcance da percepção humana. Entretanto, ambos aparecerão como realmente são durante a sexta e sétima raças-raízes da presente ronda, respectivamente. Esses sete elementos, com seus inumeráveis subelementos (muito mais numerosos que os já conhecidos pela ciência), são apenas modificações condicionais e aspectos do UM e único elemento. Este não é o *éter*, nem mesmo o *aether*, mas a fonte de ambos. O quinto elemento, que a ciência atual anuncia, não e o éter concebido por sir Isaac Newton – embora o chame por esse nome, provavelmente por tê-lo associado mentalmente ao *aether*, o "pai-mãe" da antiguidade.

❅ ❅ ❅

14 Antes de prosseguir a leitura das *Estâncias do Livro de Dzyan*, que servem de base a esta obra, é absolutamente necessário familiarizá-lo com algumas concepções fundamentais que sustentam e impregnam todo o sistema de pensamento para o qual solicitamos a sua atenção. Essas ideias básicas são poucas em número, e de sua apresentação perfeitamente clara depende a compreensão de tudo o que se segue; portanto, não é preciso que a autora se desculpe por pedir ao leitor que se familiarize, inicialmente, com essas ideias antes de prosseguir com o estudo da obra propriamente dita.

A Doutrina Secreta sustenta três proposições fundamentais:

(a) Um PRINCÍPIO onipresente, eterno, ilimitado e imutável, sobre o qual é absolutamente impossível qualquer especulação, uma vez que transcende o poder da concepção humana e que qualquer expressão ou comparação humana só poderiam minimizar. Esse PRINCÍPIO está além dos limites da mente humana porque é "inimaginável e indescritível".

Para tornar essas ideias mais claras para o leitor, comecemos pelo postulado que sustenta a existência de uma realidade absoluta que antecede todo ser manifestado e condicionado. Essa causa eterna e infinita – vagamente formulada no "inconsciente" e "desconhecida" da filosofia europeia – é a raiz sem raiz de "tudo que foi, é, ou será para sempre". Naturalmente, é despida de todos os atributos e, essencialmente, sem nenhuma relação com o ser manifestado e finito. É a "asseidade", mais exatamente que o ser, e está além de todo pensamento ou especulação.

Na Doutrina Secreta, essa "asseidade" é simbolizada sob dois aspectos. Por um lado, é o espaço absoluto e abstrato que representa a subjetividade total, a única coisa que nenhuma mente humana pode excluir de qualquer concepção ou conceber por si mesma. Por outro lado, é a moção abstrata absoluta que representa a consciência incondicionada. Até os pensadores ocidentais demonstraram que a consciência é inconcebível para nós quando isolada da modificação, e o movimento simboliza a modificação, sua característica essencial. Este último aspecto da realidade única é também simbolizado pela expressão "o Grande Alento", um símbolo suficientemente gráfico que dispensa maiores explicações. Assim, então, o primeiro axioma fundamental da Doutrina Secreta é esse metafísico UM ABSOLUTO – ASSEIDADE – simbolizado pela inteligência finita como a Trindade teológica.

Contudo, talvez seja possível auxiliar o estudante com algumas explicações adicionais.

A natureza da "causa inicial", que o ocultista atribui à "causa sem causa", o "eterno" e o "desconhecido", é essencialmente a mesma da consciência que brota do nosso íntimo: em suma, a realidade impessoal que impregna o cosmos é o número do pensamento.

A realidade única, o Absoluto, é o plano da consciência absoluta, isto é, a essência inteiramente isolada de qualquer relação com a existência condicionada e da qual a existência consciente é um símbolo condicionado. Mas, uma vez que ultrapassamos em pensamento essa negação absoluta (para nós), a dualidade sobrévem em contraste com o espírito (ou consciência) e a matéria, sujeito e objeto.

Espírito (ou consciência) e matéria devem, porém, ser encarados não como realidades independentes, mas como duas facetas ou aspectos do Absoluto, que constituem a base do ser condicionado, subjetivo ou objetivo.

Considerando essa tríade metafísica como a raiz da qual procede toda manifestação, o Grande Alento assume o caráter de concepção pré-cósmica. É o *fons et origo* da força de toda consciência individual, e fornece a inteligência dirigente no vasto esquema da evolução cósmica. Por outro lado, a raiz-substância pré-cósmica é aquele aspecto do Absoluto que sustenta todos os planos objetivos da natureza.

Do mesmo modo que a concepção pré-cósmica é a raiz de toda consciência individual, a substância pré-cósmica também é o substrato da matéria nos diversos graus de sua diferenciação.

Por isso, é claro que o contraste desses dois aspectos do Absoluto é essencial à existência do "Universo manifestado". Separada da substância cósmica, a concepção cósmica não poderia manifestar-se na consciência individual, uma vez que somente por meio de um veículo da matéria é que essa consciência surge como "Eu sou Eu", já que é necessária uma base física para focalizar um raio da mente universal em determinado estágio de complexidade. Mais uma vez, separada da concepção cósmica, a substância cósmica permaneceria uma abstração inócua, e nenhum aparecimento de consciência poderia ocorrer.

16   O "universo manifestado", portanto, está impregnado pela dualidade, que é como que a verdadeira essência de sua existência como "manifestação". Mas, do mesmo modo que os polos opostos de sujeito e objeto, espírito e matéria, são apenas aspectos da unidade na qual estão sintetizados, assim também, no universo manifestado existe "aquilo" que liga o espírito à matéria, o sujeito ao objeto.

Esse algo, atualmente desconhecido para a especulação ocidental, é chamado de Turbilhão Ígneo pelos ocultistas. É a "ponte" através da qual as "ideias" existentes na "mente divina" são impressas na substância cósmica como "leis da natureza". Assim, o Turbilhão Ígneo é a energia dinâmica da concepção cósmica; ou, encarado pelo reverso, é o veículo inteligente, o poder diretor de toda manifestação, o "pensamento divino" transmitido e manifestado pelos arquitetos do mundo visível. Portanto, nossa consciência provém do espírito ou concepção cósmica; e da substância cósmica, os diversos veículos nos quais essa consciência é individualizada e alcança a autoconsciência refletiva; ao passo que o Turbilhão Ígneo, em suas diversas manifestações, é o elo misterioso entre a mente e a matéria, o princípio animador que eletrifica cada átomo para a vida.

O resumo que se segue dará ao leitor uma ideia mais clara da questão:

(1) O ABSOLUTO ou realidade única, asseidade, que é simultaneamente o ser Absoluto e o não ser.

(2) A primeira manifestação, o Logos impessoal e, filosoficamente, *imanifestado*, precursor do *"manifestado"*. É a "causa primordial", a "inconsciência" dos panteístas europeus.

(3) O espírito-matéria, VIDA; o "espírito do universo" ou o segundo *Logos*.

(4) A ideação cósmica, a GRANDE ou inteligência, a alma-mundo universal; o número cósmico da matéria, a base das operações inteligentes na e da natureza, também chamada a grande alma espiritual.

A REALIDADE UNA; seus aspectos *duais* no universo condicionado.

A Doutrina Secreta afirma mais adiante:

(b) A eternidade do universo *in toto* como um plano ilimitado; periodicamente, "o teatro de inumeráveis universos que se manifestam e desaparecem incessantemente", chamado "as estrelas manifestantes" e as "centelhas da eternidade". "A eternidade do peregrino é como o piscar do olho da autoexistência" (*Livro de Dzyan*). "O aparecimento e o desaparecimento dos mundos é como uma maré regular de fluxo e refluxo."

Essa segunda afirmativa da Doutrina Secreta é a universalidade absoluta dessa lei de periodicidade, ou de fluxo e refluxo, vazante e preamar, que a ciência física já observou e registrou em todos os departamentos da natureza. Polaridades como dia e noite, vida e morte, sono e vigília, são fatos tão corriqueiros, tão inteiramente universais e sem nenhuma exceção que é fácil compreender que neles encontramos uma das leis absolutamente fundamentais do universo.

Além disso, a Doutrina Secreta ensina:

(c) A unidade fundamental de todas as almas com a superalma universal, que é um aspecto da raiz desconhecida e a peregrinação obrigatória para cada alma – que é uma centelha daquela – por meio do ciclo de encarnação (ou "necessidade") de acordo com a lei cósmica e kármica, durante todo o termo. Em outras palavras, não sendo puramente espiritual, a alma divina pode ter uma existência independente (consciente) antes que a centelha emitida pela essência pura do sexto princípio universal – ou a SUPERALMA – tenha (*a*) passado por todas as formas elementais do mundo fenomênico dessa evolução, e (*b*) adquirido individualidade, primeiro por um impulso natural e, depois, pelos esforços autoinduzidos e autoplanejados (reprimidos pelo respectivo karma), e assim elevando-se através de todos os graus da inteligência, do plano mental mais inferior ao mais elevado, do mineral e do vegetal, até o mais santo dos arcanjos. A doutrina básica da filosofia esotérica não admite privilégios nem concessões especiais no homem, com exceção dos que forem conquistados pelo próprio ego, pelo esforço pessoal e pelo mérito numa longa série de metempsicoses e reencarnações. É por isso que os hindus afirmam que o universo é o Absoluto, porque o Absoluto reside em cada átomo, e porque os seis princípios da natureza são o produto – os aspectos heterogêneos diferenciados – do SÉTIMO e do UM (que está além dos sete), a realidade única do universo (macro) cósmica ou microcósmica; e também porque as permutas (psíquicas, espirituais e físicas) do sexto, que ocorrem no plano da manifestação e da forma são encaradas como ilusórias pela antífrase metafísica. Pois embora individualmente a raiz de cada átomo e, coletivamente, de cada forma, seja esse sétimo princípio ou realidade única, ainda assim, no seu aparecimento fenomênico e transitório manifestado, não é mais que uma ilusão evanescente dos nossos sentidos.

No seu absolutismo, o princípio único em seus dois aspectos (de Absoluto e de matéria-raiz) é assexuado, incondicionado e eterno. Sua emanação periódica (evolucionária) – ou radiação primordial – é também única, andrógina e fenomenalmente finita. Quando, por sua vez, a radiação se propaga, todas as suas radiações são igualmente

19

andróginas, para se transformarem em princípios macho e fêmea nos seus aspectos inferiores. Após a dissolução, maior ou menor (esta última deixando o mundo em *status quo*), o primeiro a despertar para a vida ativa é o éter plástico, pai-mãe, o espírito e a alma do éter, ou o plano sobre a superfície do círculo. O espaço é chamado de "mãe" antes da sua atividade cósmica, e de pai-mãe durante o primeiro estágio do seu novo despertar.

20

Esse estágio do novo despertar do universo é representado no simbolismo sagrado por um círculo perfeito com um ponto (raiz) ao centro. Esse sinal era universal.

São essas as concepções básicas sobre as quais repousa a Doutrina Secreta. Desde que o leitor seja capaz de compreendê-las claramente e perceber a luz que derramam sobre todos os problemas da vida, elas dispensam qualquer justificativa adicional, porque a verdade que contêm parecer-lhe-á tão evidente como o Sol que brilha no céu.

❊ ❊ ❊

Passo, portanto, ao assunto principal das Estâncias, às quais acrescento um breve esboço, na esperança de assim facilitar o trabalho do estudante, colocando diante de seus olhos, e em poucas palavras, a concepção geral do que foi explicado.

Livro I.[*] A história da evolução cósmica tal como descrita nas Estâncias é, por assim dizer, a fórmula algébrica abstrata dessa mesma evolução. Por isso, o estudante não deve esperar encontrar nelas uma descrição de todos os estágios e transformações ocorridas entre os primórdios da evolução "universal" e a do nosso estado atual. Uma descrição dessa natureza seria tão impossível quanto incompreensível para homens que nem sequer conseguem compreender a natureza do plano de existência contíguo àquele ao qual, presentemente, a consciência deles está limitada.

Assim, as Estâncias revelam apenas uma fórmula abstrata que, *mutatis mutandis*, pode ser aplicada a toda evolução; à da nossa pequena Terra, à da cadeia de planetas da qual faz parte, à do universo solar ao qual pertence essa cadeia, e assim por diante, em escala ascendente, até a mente vacilar e sentir-se exausta pelo esforço despendido.

As sete Estâncias incluídas neste Livro[**] representam os sete períodos dessa fórmula abstrata. Referem-se aos sete grandes estágios do processo evolutivo citados nos Puranas como as "sete criações", e na Bíblia como os sete "dias" da criação, bem como os descrevem.

O leitor deve ter em mente que as Estâncias citadas tratam (particularmente) apenas da cos-

---
[*] O texto original diz "Estância I". (N. do E.)
[**] O texto original diz "Volume I". (N. do E.)

mogonia do nosso sistema solar* e do que é visível ao seu redor, após uma dissolução solar. Os ensinamentos secretos relativos à evolução do cosmos universal não podem ser transmitidos, já que não poderiam ser compreendidos nem pelas maiores celebrações desta época, e parece que somente pouquíssimos Iniciados, mesmo os mais elevados, têm permissão para especular sobre o assunto. Além disso, os Instrutores dizem abertamente que nem as mais altas Inteligências Espirituais jamais conseguiram desvendar os mistérios que estão além dos limites que separam os milhões de sistemas solares do "Sol central", como é chamado. Consequentemente, o que as Estâncias revelam refere-se apenas ao nosso cosmos visível, depois de uma "noite do criador".

A *Estância I*** descreve o estado UNO durante o período de dissolução, antes da primeira vibração da manifestação do novo despertar.

Um raciocínio simples mostra que tal estado só pode ser simbolizado; é impossível descrevê-lo. Nem pode ser simbolizado a não ser por negativas; porque, uma vez que é o estado da incondicionalidade *per se*, não pode possuir nenhum dos atributos específicos de que nos servimos para descrever os objetos em termos positivos. Por is-

---

* O texto original diz "planetário", querendo dizer o sistema de planetas que evoluem ao redor do Sol. (N. do E.)
** O texto original diz "A Primeira Estância". (N. do E.)

so, esse estado só pode ser sugerido pelas formas negativas de todos os atributos mais abstratos que o homem pode sentir mais do que conceber, como os limites mais remotos atingíveis pelo seu poder de concepção.

O estágio descrito na *Estância II* é, para a mente ocidental, tão parecido ao mencionado na primeira Estância que traduzir a ideia da sua diferença exigiria um tratado especial. Assim, deve-se deixar à intuição e às faculdades superiores do leitor a possibilidade de compreender, tanto quanto possível, o significado das frases alegóricas empregadas. Na verdade, é preciso lembrar que todas essas Estâncias falam somente às faculdades internas, e não à compreensão ordinária do cérebro físico.

A *Estância III* descreve o novo despertar do universo para a vida após a dissolução. Retrata o surgimento das "mônadas" do seu estado de absorção no interior do UNO; o primeiro, e o estágio mais elevado na formação dos "mundos", devendo-se notar que o termo mônada pode ser aplicado indiferentemente ao grande sistema solar e ao menor dos átomos.

A *Estância IV* mostra a diferenciação do "germe" do universo dentro da hierarquia setenária das potências divinas conscientes, que são as manifestações ativas da única energia suprema. São os modeladores, os que dão forma e, em última análise, os criadores de todo o universo manifestado, no sentido exclusivo no qual o nome de "criador" é inteligível; eles informam e dirigem o universo; são os Seres inteligentes que ajustam e controlam a evolução, encarnando em si mesmos as manifestações da LEI UNA, que conhecemos como "a lei da natureza".

Genericamente, são conhecidos como Inteligências Espirituais, embora cada um dos diversos grupos tenha sua designação específica na Doutrina Secreta.

Esse estágio da evolução é citado como o da "criação" dos Deuses.

Na *Estância V* é descrito o processo da formação do mundo – inicialmente, a matéria cósmica difusa, em seguida o "turbilhão ígneo", o primeiro estágio na formação de uma nebulosa. Essa nebulosa se condensa, e depois de passar por várias transformações forma um universo solar, uma cadeia planetária, ou um simples planeta, conforme o caso.

Os estágios subsequentes na formação de um "mundo" são indicados na *Estância VI*, que acompanha a evolução desse mundo até o seu quarto período (ronda), que corresponde ao atual período em que vivemos.

151 Com o quarto verso da *Estância VI* termina a parte das Estâncias que diz respeito à cosmogonia universal depois da última grande dissolução, ou destruição universal, que, ao ocorrer, varre do espaço todas as coisas diferenciadas, Deuses e átomos, como inumeráveis folhas secas. A partir desse verso, as Estâncias interessam-se apenas, e de modo geral, pelo nosso sistema solar, e implicitamente pelas cadeias planetárias que inclui, e de modo especial pela história do nosso globo (o quarto) e sua cadeia.* Todas as Estâncias e versos que se seguem nesse Livro I referem-se exclusivamente à nossa Terra e à sua evolução.

22 A *Estância VII* continua narrando a história, descrevendo a descida da vida até o aparecimento do homem; e assim termina o Primeiro Livro da Doutrina Secreta.

❊ ❊ ❊

23 O leitor que não é teosofista está mais uma vez convidado a encarar tudo quanto se segue como um conto de fadas, se assim preferir; ou melhor,

24 como uma das especulações ainda não comprovadas de *sonhadores*; e, no pior dos casos, como uma hipótese adicional às numerosas hipóteses científicas passadas, presentes e futuras, algumas já desacreditadas e outras que ainda são aceitas. De qualquer modo, não é, em nenhum sentido, pior que muitas das chamadas teorias científicas; e é, em cada caso, mais filosófica e mais provável.

---

* O texto original diz: "(o quarto e sua cadeia)". (N. do E.)

As Estâncias de Dzyan

ESTÂNCIA I
A NOITE DO UNIVERSO

35 1. O pai eterno, envolto nas suas roupagens sempre invisíveis, repousou mais uma vez durante sete eternidades.

Pai eterno: o espaço mãe.
Roupagens sempre invisíveis: a matéria-raiz.
Sete eternidades: 311.040.000.000.000 anos.

36 2. Não existia o tempo, que dormia no seio infinito da duração.

Seio infinito da duração: onde as duas eternidades do passado e do futuro fundem-se numa só, o eterno presente.

37 3. Não existia a mente universal, porque não existiam seres celestiais para contê-la.

Para conter: e, portanto, para manifestar-se.

38 4. Não existiam os sete caminhos para a bem-aventurança. Não existiam as grandes causas da miséria, porque não existia ninguém para produzi-las e ser por elas iludido.

Sete caminhos: entrar na corrente, voltar uma única vez, não voltar, Arhat, seguidos pelos três estágios superiores do Arhatado, dos quais o último é chamado "o Arhat da névoa de fogo". (Ver o verso 46.)

As grandes causas da miséria: que são doze: ignorância, atividades formadoras, consciência, nome e forma, as seis regiões dos sentidos, contato, sensação, sede, apego, existência, nascimento, velhice e morte.*

40 5. Somente as trevas enchiam todo o espaço ilimitado, porque pai, mãe e filho eram novamente um só, e o filho ainda não despertara para a nova roda e sua peregrinação sobre ela.

Pai, mãe, filho: espírito, substância, cosmos; tempo, espaço, movimento; mônada, ego, pessoa.

Roda: globo, cadeia planetária, sistema solar, cosmos.

24 6. Os sete senhores sublimes e as sete verdades tinham deixado de ser, e o Universo, o filho da ne-

---

* Ver as *Cartas dos Mestres*, 59. (N. do E.)

cessidade, estava imerso na bem-aventurança suprema, para ser despertado por aquilo que é e, no entanto, não é. Nada existia.

Sete senhores sublimes: os sete espíritos criadores, os logos planetários.

Sete verdades: somente quatro foram reveladas até agora, uma para cada ronda.

Necessidade: lei da causalidade.

Bem-aventurança suprema: perfeição absoluta.

7. As causas da existência tinham sido extintas; o visível que existia, e o invisível que existe, descansavam no eterno não ser – o Uno que é.

Causas da existência: idênticas às causas da miséria do verso 4.

8. Só, a única forma de existência estendia-se ilimitada, infinita, imotivada, num sono sem sonhos; e a vida pulsava inconsciente no espaço universal, por meio daquela onipresença sentida pelo olho aberto da alma purificada.

Uma forma de existência: base e fonte de todas as coisas.

Sono sem sonhos: existências sem forma, sem imagens.

Olho aberto: a visão espiritual interior do vidente.

Alma purificada: adepto de nível superior.

9. Mas onde estava a alma purificada quando a alma-reserva do Universo vivia na realidade absoluta, e a grande roda era órfã.

Alma-reserva: superalma universal, alma-grupo cósmica.

ESTÂNCIA II
A IDEIA DA DIFERENCIAÇÃO

53 10. (1) Onde estavam os construtores, os filhos resplandecentes da aurora da evolução? Nas sombras desconhecidas da sua suprema bem-aventurança celestial. Os criadores que tiraram a forma da não forma – a raiz do mundo – a mãe dos deuses e a substância-raiz, repousavam na bem-aventurança do não ser.

Construtores: arquitetos do sistema planetário.
Mãe dos deuses: espaço cósmico.

54 11. (2) Onde estava o silêncio? Onde os ouvidos para ouvi-lo? Não, não havia nem silêncio nem som; não havia nada a não ser o alento incessante e eterno, que não se conhece a si mesmo.

Alento eterno: movimento eterno.

57 12. (3) Ainda não havia soado a hora; o raio ainda não tinha faiscado dentro do germe; o lótus-mãe ainda não havia desabrochado.

Germe: o ponto no ovo humano que representa a raiz da matéria.
Lótus: símbolo do cosmos.

58 13. (4) Seu coração ainda não se abrira para que nele penetrasse o raio único, para depois cair, como os três nos quatro, no seio da ilusão.

Três: pai, mãe, filho. (Ver o verso 5.)

60 14. (5) Os sete ainda não haviam nascido da trama da luz. Somente as trevas eram o pai-mãe, a substância-raiz; e a substância-raiz existia nas trevas.

Os sete: os sete filhos, os criadores da cadeia planetária.

Substância-raiz: a que enche o universo, a raiz de todas as coisas.

61 15. (6) Esses dois são o germe, e o germe é um. O universo ainda estava oculto no pensamento divino e no regaço divino.

ESTÂNCIA III
O DESPERTAR DO COSMOS

62 16. (1) A última vibração da sétima eternidade palpita através da infinitude. A mãe intumesce, expandindo-se de dentro para fora, como o botão do lótus.

Mãe: águas do espaço.

63 17. (2) A vibração alastra-se por toda parte, tocando com sua asa veloz todo o universo e o germe que vivia nas trevas, as trevas que respiram sobre as adormecidas águas da vida.

Asa veloz: simultaneamente por toda parte.

Que respiram: que se movem.

Águas da vida: caos; simbolicamente, o princípio feminino.

64 18. (3) As trevas irradiam luz, e a luz lança um raio solitário no meio das águas, no abismo-mãe. O raio projeta-se por meio do ovo-virgem, o raio faz vibrar o ovo eterno, e deixa cair o germe não eterno, que se condensa no interior do ovo-mundo.

Raio solitário: pensamento divino.

Ovo-virgem: ovário abstrato, existência potencial.

Não eterno: periódico.

Ovo-mundo: existência real, concreta.

66 19. (4) Os três caem nos quatro. A essência radiante transforma-se em sete internas e sete externas. O ovo luminoso, que é tríplice em si mesmo, coalha-se e espalha-se em coágulos da brancura do leite através das profundezas da mãe, a raiz que cresce nas profundezas do oceano da vida.

Coágulos da brancura do leite: a Via-Láctea.

68 20. (5) A raiz permanece, a luz permanece, os coágulos permanecem, e o pai-mãe dos deuses ainda é um só.

Pai-mãe dos deuses: os seis em um, a raiz setenária que dá origem a todos.

69 21. (6) A raiz da vida estava em todas as gotas do oceano da imortalidade, e o oceano era a luz radiante, que era fogo, calor e movimento. As trevas desapareceram e já não existiam; desapareceram na sua própria essência, o corpo do fogo e da água, do pai e da mãe.

Fogo, calor, movimento: a alma ou essência do fogo físico, calor, movimento.

Fogo-água, pai-mãe: raio divino e caos, espírito e matéria.

22. (7) Contempla, ó discípulo, o filho radioso dos dois, a glória refulgente sem igual, o espaço resplandecente, filho do espaço negro, que emerge das profundezas das grandes águas negras. É o pai-mãe dos deuses, o mais jovem, o ✶✶✶. Brilha como o Sol, é o flamejante dragão divino da sabedoria; o um é quatro, e os quatro tomam mais três, e a união produz os sete, na qual estão os sete, que se transformam em trinta, as hostes e multidões. Contempla-o levantando o véu, e desfraldando-o do Oriente para o Ocidente.

Ele cerra o que está em cima, e deixa que o que está embaixo possa ser visto como a grande ilusão. Marca os lugares para as que resplandecem, e transforma o de cima num mar de fogo sem praia, e o Um manifestado nas grandes águas.

O mais jovem: a nova vida.

O ✶✶✶: O Logos. (Ver o verso 40.)

O Um: o dragão da sabedoria.

As que resplandecem: estrelas.

O de cima: espaço.

Manifestado: elemento.

77 23. (8) Onde estava o germe, e onde estavam as trevas? Onde está o espírito da chama que arde na lâmpada, ó discípulo? O germe é Aquilo, e Aquilo é luz, o filho branco e luminoso do pai negro oculto.

Aquilo: o princípio irrevelado, a divindade abstrata.

81 24. (9) A luz é a chama fria, e a chama é o fogo, e o fogo gera o calor, que produz a água – a água da vida na grande mãe.

Luz: essência dos nossos ancestrais divinos.

Chama fria: alma das coisas, nem quente nem fria.

Fogo: criador, preservador, destruidor.

Grande mãe: caos.

83 25. (10) O pai-mãe tece uma teia, cuja ponta superior está atada ao espírito, a luz da treva una, e a ponta inferior ao seu fim sombrio, a matéria; e essa teia é o universo, tecido das duas substâncias reunidas em uma, que é a substância-raiz.

83 26. (11) Expande-se quando recebe o calor do fogo; contrai-se ao receber o hálito da mãe. Então, os filhos separam-se e dispersam-se para voltar ao seio da mãe, ao fim do "grande dia", e voltam a ser novamente uno com ela. Ao esfriar-se, torna-se radiante. Seus filhos se expandem e se contraem por meio dos próprios egos e corações; abarcam o infinito.

Ela: a teia.
Calor do fogo: o pai.
Mãe: matéria-raiz.
Filhos: elementos com os respectivos poderes ou inteligências.

27. (12) A substância-raiz envia o turbilhão ígneo para solidificar o átomo. Cada um é parte da teia. Refletindo o "Senhor autoexistente" como um espelho, cada qual se transforma, por sua vez, num mundo,

Turbilhão ígneo: eletricidade cósmica.
Solidificar: transmitir energia.
Cada um: átomo.
Teia: universo.
Senhor autoexistente: a luz original.

ESTÂNCIA IV
AS HIERARQUIAS SETENÁRIAS

28. (1) Ouvi, filhos da terra, os vossos instrutores – os filhos do fogo. Aprendei, não existe primeiro nem último; porque todos são um; o número nasceu do não número.

Filhos do fogo: filhos da mente, ou sem forma, fogo invisível.

Todos são um, etc.: ou, de outro modo, "tudo é um número, saído do não número".

29. (2) **Aprendei o que nós, que descendemos dos sete primordiais, nós, que nascemos da chama primitiva, aprendemos de nossos pais.**

Os sete primordiais: o raio direto e emanação do Um eternamente autoexistente.

Nós: os seres mais elevados na escala da existência.

30. (3) **Do resplendor da luz – o raio das trevas eternas – espalham-se pelo espaço as energias novamente despertas; o um do ovo, os seis e os cinco. Depois, os três, o um, os quatro, o um, os cinco – o duas vezes sete, a soma total. Todos são as essências, as chamas, os elementos, os construtores, os números, os sem forma, as formas e a força ou homem divino, a soma total. E do homem divino emanaram as formas, as centelhas, os animais sagrados e os mensageiros dos pais sagrados dentro dos quatro santos.**

O um saído do ovo, etc.: 1065.

Os três, o um, etc.: 3,1415, π (pi).

31. (4) **Esse foi o exército da voz, a mãe divina dos sete. As centelhas dos sete são submetidas e tornam-se servas do primeiro, do segundo, do terceiro, do quarto, do quinto, do sexto e do sétimo dos sete. Estes são chamados esferas, triângulos, cubos, linhas e modeladores; porque assim permanece a eterna causa da existência – o pai dos deuses, que é:**

Estes: centelhas.

Causa da existência: ver os versos 4 e 7.

Pai dos deuses: troca do pai-mãe dos deuses.

98 32. (5) "O mistério", o ilimitado, ou o não número, causa primordial da existência, substância-raiz, o círculo ilimitado:

I. O ancião primordial, o número, porque é um.
II. A voz da palavra, substância-raiz, os números, porque ele é um e nove.
III. O "quadrado sem forma".

E estes três, encerrados no interior do círculo ilimitado, são os quatro santos; e os dez são o universo sem forma. Depois vêm os "filhos", os sete lutadores, o um, com o oito posto à parte, e seu alento que é o iluminador.

Não número: ver o verso 28.

Círculo ilimitado: zero, x, quantidade desconhecida.

Um e nove: que somam dez, o número perfeito.

Sete lutadores: planetas.

O oitavo posto à parte: rejeitado, o Sol do nosso sistema.

Iluminador: porque os planetas foram originariamente cometas e sóis.

103 33. (6) Depois, sete, os segundos, que são os arquivistas, foram produzidos pelos três. O filho rejeitado é um. Os "sóis-filhos" são inumeráveis.

Arquivistas: seres divinos relacionados com o karma, que anotam tudo no livro da vida.

Três: palavra, voz e espírito.

ESTÂNCIA V
FOHAT, O FILHO DAS HIERARQUIAS SETENÁRIAS

106 34. (1) Os sete primeiros, os primeiros sete alentos do dragão da sabedoria, produzem, por sua vez, de seus sagrados alentos circunvolutivos, o turbilhão ígneo.

107 35. (2) Fazem dele o mensageiro de sua vontade. A sabedoria coletiva transforma-se no turbilhão ígneo: o veloz filho dos filhos divinos, cujos filhos são os arquivistas, transmitem mensagens em círculos. O turbilhão ígneo é o corcel, e o pensamento o cavaleiro. Passa como um relâmpago através das nuvens faiscantes; dá três, cinco e sete passadas através das sete regiões de cima e das sete de baixo. Ergue a voz, e chama as incontáveis centelhas, reunindo-as.

Eles: os sete primordiais.

Dele: o turbilhão ígneo.

Sabedoria coletiva: conhecimento real, oculto, mágico.

O pensamento: o turbilhão ígneo dos guias da sabedoria coletiva.

Nuvens faiscantes: névoas cósmicas.

Os sete de baixo: os mundos futuros.

Centelhas: átomos, mônadas.

116 36. (3) Ele é seu espírito guia e líder. Quando inicia o trabalho, separa as centelhas do reino inferior, que flutuam e vibram alegremente em suas moradas radiantes, e forma com isso os germes das rodas. Ele os distribui nas seis direções do espaço, e um no meio – a roda central.

Reino inferior: os átomos minerais.

Moradas radiantes: nuvens gasosas.

Seis direções: leste, oeste, norte, sul, zênite, nadir; o triângulo duplo do espírito e matéria.

118 37. (4) O turbilhão ígneo traça linhas espirais para unir o sexto ao sétimo – a coroa. Um exército de filhos da luz permanece em cada ângulo; os arquivistas, no centro da roda. Eles dizem: "Isto é bom". O primeiro mundo divino está pronto; o primeiro, o segundo. Então, a "não forma divina" reflete-se no mundo-sombra, a primeira roupagem dos órfãos.

O turbilhão ígneo: na sua capacidade de amor divino.

Sexto: ou segundo princípio, inteligência, seu veículo.

Sétimo: ou primeiro princípio, espírito.

Eles: os arquivistas.

O primeiro, o segundo: o primeiro (espírito) é agora o segundo ou mundo-sombra, seu veículo.

Órfãos: mônadas.

122 38. (5) O turbilhão ígneo dá seis passadas, e constrói uma roda com asas a cada canto do quadrado para os quatro santos e seus exércitos.

Cinco passadas: os princípios cósmico e humano, inferiores ao sexto e ao sétimo.

Quatro santos: os regentes do norte, do sul, do leste e do oeste, ligados ao karma.

129 39. (6) Os arquivistas circunscrevem o triângulo, o primeiro um, o cubo, o segundo um, e o pentagrama dentro do ovo. É o anel chamado "não passe" pelos que descem e sobem; os que durante a idade estão progredindo para o grande dia "estão conosco". Assim foram formados os sem forma e as formas; de uma luz, sete luzes; de cada um dos sete, sete vezes sete luzes. As rodas observam o anel.

Triângulo, primeiro um, etc.: 3,1415 (pi).

Ovo: círculo.

Não passe: barreira intransponível entre o ego pessoal e o impessoal.

Os que descem, etc.: as mônadas que estão sendo encarnadas.

Estão conosco: una conosco, a vida una.

Rodas: regentes das rodas. (Ver o verso 38.)

Anel: globo, ronda, cadeia.

ESTÂNCIA VI
O NOSSO MUNDO, SEU CRESCIMENTO E DESENVOLVIMENTO

136 40. (1) Pelo poder da mãe de misericórdia e conhecimento, a tríade do Logos, que reside no paraíso melodioso do som – o turbilhão ígneo, o alento da sua progênie, o filho dos filhos, convocou, do abismo inferior, a forma ilusória do nosso universo e os sete elementos:

Mãe de misericórdia e conhecimento: voz divina, poder criador, energia do Logos.

Logos: ver o verso 22.

Tríade: mãe, esposa e filha.

Sua progênie: da tríade.

Abismo: caos.

138 41. (2) O Um veloz e radiante produz os sete centros zeros, contra os quais nada prevalecerá até o grande dia "sede conosco"; e assenta o universo sobre essas fundações eternas, cercando o nosso universo com os germes elementares.

O Um veloz e radiante: o turbilhão ígneo, "construtor dos construtores".

Germes elementares: átomos, mônadas.

140 42. (3) Dos sete – primeiro, um manifestado, seis ocultos; dois manifestados, cinco ocultos; três manifestados, quatro ocultos, quatro produzidos, três ocultos; quatro e uma fração revelados, dois e meio ocultos; seis a serem manifestados, um posto de lado. Por fim, sete pequenas rodas girando; uma criando a outra.

Sete: elementos.

Sete rodas pequenas: nossa cadeia planetária.

144 43. (4) Ele as construiu à semelhança das rodas mais antigas, colocando-as nos centros imperecíveis.

De que modo o turbilhão ígneo as constrói? Recolhe a poeira ígnea. Fabrica bolas de fogo, passa através delas e ao seu derredor, infundindo-lhes vida, e depois as coloca em movimento, algumas numa direção, outras em outra. Elas são frias; ele as aquece. São secas; ele as umedece. Brilham; ele as refresca e esfria.

Assim age o turbilhão ígneo de um crepúsculo a outro, durante sete eternidades.

Rodas mais antigas: nas evoluções anteriores.
Centro imperecível: ponto zero; uma condição, e não um ponto matemático.

191 44. (5) Na quarta, os filhos recebem ordem para criar suas imagens; um terço recusa-se. Dois obedecem.

Quarta: ronda.
Imagens: espécies idênticas, depois da terceira.
Dois: terços.

192 A maldição é pronunciada. Nascerão na quarta, sofrerão e causarão sofrimento. É a primeira guerra.

Maldição: retribuição kármica.
Quarta: raça-raiz.

199 45. (6) As rodas mais antigas giraram para baixo e para cima. Os descendentes da mãe encheram o todo. Houve batalhas travadas entre criadores e destruidores, e batalhas travadas para a conquista do espaço; a semente aparecia e desaparecia continuamente.

As rodas mais antigas: nas rondas anteriores.
O todo: o cosmos.
Semente: partícula espiritual, organismo etéreo, ser celestial.

205 46. (7) Calcula, ó discípulo, se és capaz de descobrir a verdadeira idade da tua pequena roda. O quarto raio da roda é nossa mãe. Apanha o quarto fruto da quarta senda do conhecimento que conduz à bem-aventurança, e compreenderás, porque hás de ver.

Roda pequena: cadeia planetária.
Mãe: a Terra.
Quarta senda: Arhat. (Ver o verso 4).

ESTÂNCIA VII
OS PAIS DO HOMEM SOBRE A TERRA

213 47. (1) Observa o princípio da vida senciente sem forma. Primeiro, o divino, o Um saído do espírito-mãe; depois, o espiritual; os três saídos do Um, os quatro também saídos do Um, e os cinco, dos quais saíram os três, os cinco e os sete. Estes são os tríplices e quádruplos para baixo: os filhos da mente do primeiro senhor, os sete luminosos. Eles são tu, e eu, e ele, ó discípulo, eles que zelam por ti e por tua mãe, a Terra.

Divino: veículo.
Espírito-mãe: ego.
Espiritual: autointeligência, alma-espírito.
Três saídos do Um, etc.,: 3,1415 (pi).

222 48. (2) O raio único multiplica os raios menores. A vida precede a forma, e a vida sobrevive ao último átomo. Através de inumeráveis raios prossegue o raio-vida, o Um, como um fio através das muitas contas do rosário.

Último átomo: da forma, do corpo externo.

231 49. (3) Quando o Um transforma-se em dois, aparece o "tríplice", e os três são um; e é nosso fio, ó discípulo, o coração da planta-homem chamada "sete folhas".

Sete folhas: sete princípios.

237 50. (4) É a raiz que nunca morre, a chama trilíngue dos quatro pavios. Os pavios são as centelhas que retiram da chama trilíngue atiçada pelos sete – a sua chama – os raios e os lampejos de uma lua refletida nas ondas contínuas de todos os rios da terra.

Chama trilíngue: tríade superior de princípios, espírito, inteligência, mente.

Quatro pavios: os quatro princípios inferiores: corpo-duplo-vida-desejo.

238 51. (5) A faísca pende da chama pelo fio mais fino do turbilhão ígneo. Percorre os sete mundos da ilusão. Detém-se no primeiro, onde é metal e pedra; passa para o segundo, e, repara – é uma planta; a planta rodopia através de sete modificações e transforma-se num animal sagrado.

Dos atributos combinados desses elementos é formado o homem, o pensador. Quem o forma? As sete vidas e a vida una. Quem o completa? Os espíritos quíntuplos. E quem aperfeiçoa o último corpo? Peixe, pecado e lua.

Chama: espírito-inteligência (*Cartas dos Mestres*, 174).

Faísca: mente, seu perfume.

Sete mundos: sete globos da cadeia planetária.

Primeiro: reino.

Animal sagrado: a primeira sombra do homem primitivo.

Peixe, pecado, lua: símbolo do ser imortal.

264 52. (6) Partindo do nascido em primeiro lugar, o fio existente entre o observador silencioso e sua própria sombra torna-se mais forte e radiante a cada modificação. A luz do sol da manhã transformou-se na glória do meio-dia.

Nascido em primeiro lugar: o homem primitivo.

Observador silencioso: mônada.

Sombra: encarnação.

Modificação: nascimento e morte.

265 53. (7) "Esta é a tua roda atual", disse a chama à centelha. "És tu mesmo, minha imagem e minha sombra. Revesti-me de ti, e tu és meu veículo até o dia em que 'estarás conosco', quando voltarás a

ser eu mesmo e os outros, tu e eu." Em seguida, os construtores, tendo preparado sua primeira roupagem, descem à Terra radiante e reinam sobre os homens – que são eles mesmos.

Construtores: observadores, os eleitos, os pioneiros.

269   Resumindo

"A história da criação e do mundo, dos seus primórdios até os nossos dias, compõe-se de sete capítulos. O sétimo, porém, ainda não foi escrito."

T. Subba Row, *The Theosophist*, 1881

O primeiro desses sete capítulos foi abordado e está encerrado. Apesar de incompleto e fraco como exposição, é, de qualquer modo, uma aproximação – empregando a palavra no sentido matemático – do que representa a base mais antiga para todas as cosmogonias subsequentes. A tentativa de traduzir para um idioma atual o imenso panorama da lei que sempre se repete periodicamente – incutido nas mentes adaptáveis das primeiras raças dotadas de consciência por aqueles que refletiram esse mesmo panorama da mente universal – é uma ousadia, porque nenhuma língua humana, com exceção do sânscrito – que é a língua dos deuses – é capaz dessa façanha com um mínimo de perfeição. Por isso, as falhas deste trabalho devem ser perdoadas no interesse da sua motivação.

272 Devido às enormes dificuldades dos assuntos aqui tratados, e as quase intransponíveis limitações da língua inglesa (como de todas as línguas europeias) para exprimir certas ideias, é mais que provável que a autora não tenha podido dar-lhes as melhores e mais claras explicações; no entanto, fez, sob as condições mais adversas, tudo quanto devia ser feito e isso é o máximo que se pode esperar de qualquer escritor.

❖ ❖ ❖

Que nos seja possível recapitular e mostrar, dada a imensidão dos temas expostos, como é difícil, senão mesmo impossível, tratá-los com inteira justiça.

(1) A Doutrina Secreta é a sabedoria acumulada das idades, e sua cosmogonia extraordinária é o sistema mais estupendo e mais bem elaborado. Contudo, tal é o misterioso poder do simbolismo oculto que os fatos que, na verdade, ocuparam inúmeras gerações de videntes iniciados e profetas no trabalho de discipliná-los, registrá-los e explicá-los,

nas séries fantásticas do progresso evolutivo, estão todos arquivados em poucas páginas de sinais geométricos e glifos. A brilhante visão desses videntes penetrou até o âmago da matéria e registrou o verdadeiro núcleo do que existe, onde um profano comum, embora oculto, somente perceberia função externa da forma. Porém, a ciência moderna não acredita na "alma das coisas"* e, por isso, rejeitará todo o sistema da antiga cosmogonia. Inútil dizer que tal sistema não é o produto da fantasia de um ou de inúmeros indivíduos isolados. Que é o arquivo ininterrupto de milhares de gerações de videntes, cujas experiências foram realizadas para experimentar e verificar as tradições transmitidas oralmente de uma raça primitiva a outra, e dos ensinamentos recebidos dos mais elevados e exaltados seres que protegeram a infância da humanidade. Que durante anos, os "sábios" da quinta raça, das estirpes salvas e recolhidas do último cataclismo e elevação de continentes, passaram toda a vida *aprendendo e ensinando*. Como o conseguiram? Já se respondeu: conferindo, experimentando e verificando em todos os departamentos da natureza as tradições antigas pelas visões independentes dos grandes Adeptos; isto é, dos homens que desenvolveram e aperfeiçoaram seus órgãos físicos, mentais, psíquicos e espirituais até o máximo grau possível. Nenhuma visão de nenhum Adepto era

---

* *A luz da Ásia*, Livro VIII; ver também *Cartas dos Mestres*, 116.

aceita antes de ter sido conferida e confirmada pelas visões – obtidas para servirem de provas independentes – de outros Adeptos, e por séculos de experiências.*

(2) A lei fundamental desse sistema, o ponto central do qual tudo emergiu, em torno do qual e para o qual tudo gravita, e sobre o qual se encontra a filosofia do repouso, é o único divino e homogêneo PRINCÍPIO-SUBSTÂNCIA, a causa radical única.

> "Umas poucas lâmpadas de brilho mais intenso foram levadas
> De uma causa a outra até o senhor secreto da natureza,
> E verificaram que um princípio primevo deve existir..."

Esse princípio é chamado "princípio-substância" porque se transforma em "substância" no plano do universo manifestado, ao mesmo tempo em que permanece como "princípio" no ESPAÇO abstrato que não tem princípio nem fim, que é visível e invisível. É a realidade onipresente; impessoal, porque contém tudo e todas as coisas. *Sua impersonalidade é a concepção fundamental* do sistema. Permanece latente em todos os átomos do universo, e é o próprio universo.

---

* Compare-se: *Ísis sem Véu*, II, 99; *A Chave da Teosofia*, 86/7; e *Cartas dos Mestres*, 51. (N. do E.)

(3) O universo é a manifestação periódica dessa Essência Absoluta desconhecida. Entretanto, chamá-la de "essência" é pecar contra o próprio espírito da filosofia. Porque muito embora esse substantivo possa, nesse caso, ser tirado do verbo *esse* "ser", ELA não pode ser identificada como um ser de nenhuma espécie, capaz de ser concebido pelo cérebro humano. É melhor descrevê-LA como não sendo nem espírito nem matéria, mas sim ambos. Na verdade, "o Absoluto e a matéria-raiz" são um, embora sejam dois na concepção universal do manifestado, mesmo na concepção do Logos Único, sua primeira manifestação, ao qual parece, do ponto de vista objetivo do Logos Único, como matéria-raiz, e não como o Absoluto, como seu véu, e não como a REALIDADE única que traz oculta, e é incondicionada e absoluta.

(4) O universo é chamado, com tudo que contém, de MAYA, porque tudo é transitório, da vida efêmera de um vaga-lume à vida do Sol. Comparado à imutabilidade eterna do UM e à inalterabilidade desse princípio, o universo, com suas formas evanescentes continuamente mutáveis, deve ser necessariamente, na mente do filósofo, em nada melhor que um fogo-fátuo. Entretanto, o universo é suficientemente real para os seres conscientes que nele vivem, tão irreais como ele.

(5) Tudo que existe no universo, em todos os seus reinos, é CONSCIENTE; ou seja, dotado de

uma consciência da própria espécie e do respectivo plano de percepção. Nós, seres humanos, precisamos lembrar-nos de que pelo fato de NÃO percebermos nenhum sinal – que possamos reconhecer – de consciência, por exemplo, nas pedras, não temos o direito de dizer que *nelas não existe nenhuma consciência*. Nada existe parecido a matéria "morta" ou "cega", da mesma maneira que não existe nenhuma lei "cega" ou "inconsciente". Tais formas não têm lugar entre as concepções da Filosofia Oculta. Esta nunca se detém nas aparências superficiais e, por isso, as essências *numenais* são mais reais que as respectivas contrapartes objetivas; nesse particular, assemelha-se muito mais aos *nominalistas* medievais, para os quais as realidades existiam apenas no universal, ao passo que o particular existia apenas em nome e na fantasia humana.

(6) O Universo (manifestado) funciona e é *dirigido* de *dentro para fora*. O de cima é como o de baixo, assim é no céu como na Terra; e o homem – microcosmo e cópia em miniatura do macrocosmo – é a testemunha viva dessa lei universal e da sua ação. Sabemos que todo e qualquer movimento *exterior*, ação, gesto, voluntário ou mecânico, orgânico ou mental, é produzido e precedido pelo sentimento *interior* ou emoção, vontade ou volição, pensamento ou mente. Do mesmo modo que nenhum movimento ou mudança exterior, quan-

do normal, pode ocorrer no corpo externo do homem a menos que tenha sido provocado por um impulso interior transmitido por uma das três funções citadas, o mesmo se dá com o universo externo ou manifestado.

Todo o cosmos o é dirigido, controlado e animado por séries quase infinitas de hierarquias de seres sencientes, cada uma delas encarregada de executar uma missão, e as quais – qualquer que seja o nome que lhes dermos, quer as chamemos de Inteligências Espirituais ou Anjos – são "mensageiras" no sentido de serem apenas agentes das leis kármicas e cósmicas. Variam infinitamente nos respectivos graus de consciências e inteligência, e chamá-la apenas de espíritos puros, livres de toda e qualquer amálgama terrestre "que o tempo costuma atacar", equivale a entregar-se a uma fantasia poética. Porque cada um desses seres ou já *foi*, ou prepara-se para vir a ser um homem, se não no presente, pelo menos num ciclo (evolutivo) passado ou futuro. São homens *aperfeiçoados*, quando não incipientes, e diferem moralmente dos seres humanos terrestres, nas suas esferas superiores (menos materiais), somente porque se acham despidos do sentimento da personalidade e da natureza emocional *humana* – duas características puramente terrenas. Os últimos ou os "aperfeiçoados" libertaram-se desses sentimentos porque (*a*) há muito que não possuem corpos físicos, eterno peso sobre a alma; e (*b*) porque, uma vez que o puro elemento espiritual permaneceu desimpedido e mais livre, são menos influenciados por *maya* do que o homem, a menos que se trate de um Adepto, que mantém suas duas personalidades – a espiritual e a física – completamente separadas. As mônadas incipientes, que jamais possuíram corpos terrestres, não podem ter nenhum sentimento de personalidade ou EGOÍSMO.

O que entendemos por "personalidade", sendo uma limitação e uma relação, ou, segundo a definição de Coleridge, "uma individualidade existente por si mesma, porém, tendo por base uma natureza", é um termo que, como é natural, não pode ser aplicado a entidades não humanas; contudo, como fato salientado por gerações de videntes, nenhum desses seres, de maior ou menor elevação, possui individualidade ou personalidade como entidades separadas, isto é, não possuem individualidade no sentido em que o homem costuma afirmar, "Eu sou eu mesmo e ninguém mais"; em outras palavras, têm consciência de que não existe essa separação distinta, como têm os seres humanos e as coisas sobre a Terra. A individualidade é a característica das suas respectivas hierarquias, e não das suas unidades; e essas características variam somente com o grau do plano ao qual pertencem tais hierarquias: quanto mais próxima da região da homogeneidade e do

Divino Um, mais pura e menos acentuada essa individualidade na hierarquia. São finitos, sob todos os aspectos, com exceção de seus princípios superiores – as centelhas imortais que refletem a chama divina universal – individualizados e separados apenas nas esferas de ilusão por uma diferença tão ilusória como o repouso.

São "seres viventes" porque são as correntes projetadas no cenário cósmico da ilusão pela VIDA ABSOLUTA; seres cuja vida não pode ser extinta antes que o fogo da ignorância seja extinto naqueles que percebem essas "vidas". Tendo mergulhado no ser pela influência estimulante do raio incriado, o reflexo do grande Sol central que se espalha nas margens do rio da vida, é o princípio interior que neles existe que pertence às águas da imortalidade, ao passo que sua roupagem diferenciada é tão perecível como o corpo do homem. Por isso, Young tinha razão ao afirmar que:

"Os Anjos são homens de uma espécie superior",

e nada mais. Não são anjos "instrutores" nem "protetores"; nem tampouco "os precursores do Altíssimo", e ainda menos os "mensageiros da ira" de qualquer Deus criado pela fantasia do ser humano. Apelar para a proteção deles é uma insensatez tão grande como acreditar que seus favores podem ser conseguidos por meio de oferendas, sejam elas quais forem; isso porque eles são, tanto quanto o próprio homem, escravos e criaturas da imutável lei kármica e cósmica. E é evidente a razão. Não possuindo, em sua essência, os elementos da personalidade, não podem ter qualidades pessoais como as atribuídas pelos homens, nas suas religiões esotéricas, ao seu Deus antropomórfico – um Deus ciumento e exclusivista, alegre e irritável, a quem agradam os sacrifícios, e que se mostra mais despótico na sua vaidade que qualquer ser finito e louco.

Como mostra o Livro II, sendo o homem um composto das essências de todas essas hierarquias celestes, pode, por isso mesmo, e em certo sentido, tornar-se superior a qualquer hierarquia ou classe, ou até a uma combinação das mesmas. "O homem não pode nem propiciar nem dominar os *devas*", está escrito. Entretanto, se dominar a sua personalidade inferior e, assim, alcançar o conhecimento total da *não separatividade* do seu EGO superior do EGO único e absoluto, o homem pode, mesmo durante a vida terrena, tornar-se "um de Nós". Assim, alimentando-se com o fruto do conhecimento que destrói a ignorância, equipara-se às inteligências espirituais; e uma vez no *seu* plano, o espírito de solidariedade e harmonia perfeita que reina em todas as hierarquias estende-se sobre ele, protegendo-o a todo instante.

A maior dificuldade que impede os cientistas de acreditar na Divindade, bem como os espíritos da natureza, é o seu materialismo. O principal obstáculo que se ergue diante do espiritualista e que também o impede de acreditar nessas coisas, ao mesmo tempo em que sustenta uma fé cega nos "espíritos" dos mortos, é a ignorância geral de todos, com exceção de alguns ocultistas e cabalistas, sobre a verdadeira essência e a verdadeira natureza da matéria. É na aceitação ou rejeição da teoria da *unidade de tudo que existe na natureza, em sua última essência*, que repousa principalmente a crença ou a descrença na existência à nossa volta de outros seres conscientes, além dos espíritos dos mortos. É da compreensão correta da primitiva evolução do espírito-matéria e de sua verdadeira essência que o estudante tem que depender para a posterior elucidação na própria mente da cosmogonia oculta e da única pista segura capaz de guiá-lo em seus estudos subsequentes.

Em perfeita verdade, como se acaba de demonstrar, cada um dos chamados "Espíritos" ou é um *homem desencarnado ou um futuro homem*. Do Arcanjo mais elevado ao último "construtor" consciente (a classe inferior das entidades espirituais), todos são homens que viveram em idades remotíssimas, em outras evoluções, nesta ou em outras esferas; assim, os elementais inferiores, semi-inteligentes e não inteligentes – são, todos eles, *futuros* homens. Este único fato – o de que um espírito é dotado de inteligência – constitui, para o ocultista, uma prova de que esse espírito deve ter sido um *homem*, e adquirido conhecimento e inteligência através do ciclo humano.

Só existe no universo uma onisciência e inteligência visível e absoluta, que vibra em todos os átomos e até no ponto infinitesimal de todo o cosmos finito que não tem limites, e que os homens chamam de ESPAÇO, considerado independentemente de tudo o que contém. Porém, a primeira diferença do seu reflexo no mundo manifestado é puramente espiritual, e os seres nele gerados não estão dotados de uma consciência que tenha qualquer relação com a que nós concebemos. Tais seres não podem possuir nenhuma consciência ou inteligência humanas antes que a tenham adquirido, pessoal e individualmente. Isso pode parecer um mistério, mas, no entanto, é um fato para a filosofia esotérica, e na verdade bastante aparente.

Toda a ordem da natureza demonstra uma marcha progressiva *para uma vida superior*. Existe um desígnio na ação das forças aparentemente cegas. Prova-o todo o processo evolutivo com suas infinitas adaptações. As leis imutáveis que suprimem as espécies fracas e débeis, para dar lugar às mais fortes, e garantem a "sobrevivência dos mais aptos", apesar de tão cruéis em sua ação imediata – trabalham para o grande objetivo. O simples fato da *ocorrência* dessas adaptações, de que o mais apto sobrevive na luta pela existência, mostra que a chamada "natureza inconsciente"* é, na realidade, um agregado de forças manipuladas por seres semi-inteligentes (elementais) dirigidos pelos altos Espíritos Planetários, cujo agregado coletivo forma o *verbum* manifestado do LOGOS imanifestado, e produziu, harmônica e simultaneamente, a MENTE do universo e sua LEI imutável.

Três representações distintas do universo nos seus três aspectos distintos estão impressas no nosso pensamento pela filosofia esotérica: a PREEXISTENTE (derivada da) SEMPRE EXISTENTE, e a (ATUALMENTE EXISTENTE), a FENOMÊNICA – o mundo da ilusão, o reflexo, e a sua sombra. Durante o grande mistério e o grande drama da vida conhecidos como evolução, o verdadeiro cosmos é como um objeto colocado atrás da tela branca sobre a qual são projetadas as sombras que saem da lanterna mágica. As figuras e coisas reais permanecem invisíveis, enquanto os fios da evolução são manipulados por mãos invisíveis; assim, os seres humanos e as coisas são apenas reflexos, sobre o campo branco, das realidades que estão *por trás* dos embustes da grande ilusão. Esses três universos foram transformados em alegorias, nos ensi-

---

* A natureza, encarada no seu sentido abstrato, não pode ser inconsciente, uma vez que é uma emanação e, portanto, um aspecto (no plano manifestado) da consciência ABSOLUTA. Onde o homem ousado, capaz de pretender negar aos vegetais e até aos minerais uma consciência própria? A única coisa que se poderia dizer é que essa consciência está além da sua compreensão.

namentos exotéricos, pelas três trindades que emanam do germe central eterno e com ele formam uma unidade suprema: a tríade *inicial*, a *manifestada* e a *criadora*, ou as três em uma. A última é somente o símbolo, em sua expressão concreta, dos primeiros dois *ideais*. Por isso, a filosofia esotérica inclina-se para a necessidade dessa concepção puramente metafísica, e proclama a primeira a única sempre existente.

279 Qualquer que possa ser o destino dessas verdades num futuro remoto, esperamos ter conseguido provar até aqui os seguintes fatos:

(1) A Doutrina Secreta não ensina nenhum *ateísmo*, exceto no sentido hindu da palavra *nastika*, ou rejeição de *ídolos*, inclusive de qualquer deus antropomórfico. Nesse sentido, todo ocultista é um *nastika*.

(2) Admite um Logos ou um "criador" coletivo do universo; um *demiurgo* – no sentido implícito de alguém que se refere a um "arquiteto" como o "criador" de um edifício, considerando que esse arquiteto jamais pôs as mãos num só tijolo do edifício, mas, apesar de ter fornecido a planta, deixou todo o trabalho manual a cargo dos pedreiros; **280** no nosso caso, a planta foi fornecida pela concepção do universo, e o trabalho construtor entregue às hostes das potências e forças inteligentes. Contudo, esse *demiurgo* não é uma divindade *pessoal* – isto é, um *deus extracósmico* imperfeito – mas ape-

nas o agregado das Inteligências Espirituais e de outras forças.

Quanto a essas forças:

(3) São de natureza dupla; compõem-se: (a) da *energia irracional bruta* inerente à matéria, e (b) da alma inteligente ou consciência cósmica, que dirige e guia a energia que é o *pensamento das Inteligências Espirituais que refletem a concepção da mente universal*. Isso resulta numa série perpétua de manifestações físicas e *efeitos morais* sobre a Terra durante os períodos evolutivos, com o todo submetido ao karma. Já que esse processo nem sempre é perfeito, e desde que, entretanto, deve exibir muitas provas de uma inteligência orientadora existente por trás do véu, ainda mostra lacunas e falhas, e até resultados que muitas vezes são verdadeiros fracassos; consequentemente, nem o hospedeiro coletivo (o demiurgo), nem, individualmente, qualquer das potências em função, fazem jus a honras divinas ou adoração. Contudo, todos merecem o respeito agradecido da humanidade, e o ser humano deveria viver sempre lutando para auxiliar a evolução divina das *ideias*, realizando o maior esforço possível para transformar-se num *cotrabalhador com a Natureza* na obra cíclica. Somente a eterna *causa* incompreensível e incognoscível, a causa *sem causa* de todas as causas, deveria ter seu sacrário e seu altar no terreno sagrado e inexplorado do

nosso coração – invisível, intangível, inexprimível, a não ser por intermédio "da ainda débil voz" da nossa consciência espiritual. Aqueles que a adoram devem fazê-lo em silêncio e na solidão santificada de sua própria alma, fazendo do próprio espírito o único mediador entre eles e o *Espírito Universal*, das suas boas ações seus únicos sacerdotes, e de suas intenções pecaminosas as únicas vítimas sacrificiais visíveis e objetivas para a *Presença*.

(4) A matéria é *eterna*. É a base física para a única mente universal infinita nela construir suas concepções. Portanto, os esoteristas sustentam que não existe matéria inorgânica ou *morta* na natureza, e que a distinção feita entre ambas pela ciência é tão infundada quanto arbitrária e destituída de razão. No entanto, o que quer que pense a ciência – e a ciência *exata* é uma dama volúvel, como todos nós sabemos por experiência própria – o Ocultismo sabe e ensina de modo diferente desde tempos imemoriais – desde *Manu* e *Hermes* até Paracelso e seus sucessores.

(5) O universo surgiu de seu plano ideal, preservado por toda a eternidade na inconsciência do Absoluto, essa realidade transcendental na qual acreditam os ocultistas, muitas vezes surgindo apenas como personificação de uma "força por trás dos fenômenos" – uma *energia* eterna e infinita da qual procedem todas as coisas.

O poder ativo, "o movimento perpétuo do Grande Alento", só desperta o cosmos na aurora de cada novo período, pondo-o em ação por meio de duas forças contrárias e obrigando-o, assim, a tornar-se objetivo no plano da ilusão. Em outras palavras, essa dupla moção transfere o cosmos do plano do ideal eterno para o da manifestação finita, ou do plano *numenal* para o *fenomênico*. Tudo que *é*, *foi* e *será*, é eternamente, até as formas incontáveis que são finitas e perecíveis somente no seu objetivo, e não na sua forma *ideal*. Existiram na eternidade como ideias e, quando mortas, existirão como reflexos. Nem a forma do ser humano, nem a de qualquer animal, planta ou pedra, foram jamais *criadas*, e foi somente neste nosso plano que começaram "a se transformar", isto é, a objetivar-se na sua atual materialidade, ou a expandir-se de *dentro para fora*, da essência mais sublimada e supersensível para a sua aparência grosseira. Consequentemente, *nossas* formas humanas existiram na eternidade como protótipos astrais ou etéreos; de acordo com esses modelos, os seres espirituais (ou deuses), cujo dever era o de trazê-los à vida terrestre e objetiva, evolveram as formas protoplásmicas dos futuros egos da sua própria *essência*. Depois, quando já estava pronto esse molde humano básico, as forças terrestres naturais começaram a trabalhar sobre esses moldes supersensíveis *que continham, além dos próprios, os elementos de todas as formas vegetais e animais passadas e futuras deste globo.* Portanto, o invólucro externo do homem passou por todas as formas vegetais e animais antes de assumir a forma humana.

287 A Doutrina Secreta ensina que todo o universo é dirigido por forças e potências inteligentes e semi-inteligentes, como se afirmou desde o início. A Teologia cristã admite e até *reforça* essa afirmativa, embora estabelecendo uma divisão arbitrária ao referir-se a essas potências e forças como "anjos" e "demônios". A ciência nega a existência delas e ridiculariza a ideia. Os espíritas acreditam nos espíritos dos mortos, e, exceto esses, negam por completo a existência de outras espécies ou classes de seres invisíveis. Assim, os ocultistas são os únicos expositores racionais das velhas tradições, hoje transformadas, por um lado, em fé dogmática e, por outro, em negações também dogmáticas. Porque tanto a crença quanto a descrença abarcam, cada uma, apenas um canto insignificante dos horizontes infinitos das manifestações espirituais e físicas; portanto, ambas estão certas, de acordo com seus pontos de vista, e ambas estão erradas ao acreditar que podem circunscrever o Todo nos limites de suas barreiras especiais e estreitas; isso porque jamais podem fazê-lo. A esse respeito, a ciência, a teologia e até o espiritualismo mostram uma sabedoria pouco maior que a do avestruz que esconde a cabeça na areia, entre as pernas, certo de que nada mais pode existir além do seu próprio ponto de observação pessoal e da limitada área ocupada por sua estúpida cabeça.

289 Seguem-se alguns TRECHOS DE UM COMENTÁRIO PARTICULAR até agora secreto:

(xvii) "A existência inicial na primeira aurora da grande evolução (após a grande dissolução que se segue a cada idade do criador) é uma QUALIDADE ESPIRITUAL CONSCIENTE. Nos MUNDOS manifestados (sistemas solares) ela é, na sua SUBJETIVIDADE OBJETIVA, como um filme que vai do alento divino ao olhar do vidente em transe. Espalha-se como um fluido espiritual incolor, ao sair do nada através da infinitude. Está situada no SÉTIMO PLANO, e em seu SÉTIMO ESTADO no nosso mundo planetário".

(xviii) "É a substância da NOSSA visão espiritual. Não pode ser chamada assim pelos homens que permanecem em seu ESTADO DE VIGÍLIA; consequentemente, denominaram-na, na sua ignorância, de 'Espírito de Deus'".

(xix) "Ela existe por toda a parte e constitui a primeira fundação sobre a qual o nosso mundo (o sistema solar) foi construído. Fora dele, pode ser encontrada em sua prístina pureza somente entre (os sistemas solares ou) as estrelas do universo, os mundos já formados ou em formação, enquanto os que ainda estão no nada repousam em seu seio. Como sua substância é de natureza diferente da conhecida na Terra, os habitantes desta última, que veem ATRAVÉS DELA, acreditam, em sua ignorância e ilusão, que ela é o espaço vazio. Não existe a mínima porção de espaço vazio em todo o ilimitado (universo) ..."

(xx) "A matéria ou substância é setenária em nosso mundo, do mesmo modo que além dele. Além disso, cada um de seus estados ou princípios está dividido em sete graus de densidade. O Sol, na sua reverberação visível, exibe apenas o primeiro, ou o estado mais inferior do sétimo, que é o estado mais elevado da PRESENÇA universal, o puro do puro, o primeiro alento manifestado da eternamente imanifestada Asseidade. Todos os sóis centrais físicos ou objetivos são, em sua substância, o primeiro princípio do ALENTO. E qualquer deles nada mais é senão o REFLEXO dos seus PRIMITIVOS que estão ocultos aos olhos de todos, com exceção das Inteligências Espirituais, e sua substância corpórea pertence à quinta divisão do sétimo princípio da substância mãe, e está, portanto, quatro graus acima da substância solar refletida. Do mesmo modo que existem sete substâncias-princípio no corpo humano, assim também existem sete forças no homem e em toda a natureza."

(xxi) "A verdadeira substância do oculto (Sol) é um núcleo da substância mãe. É o coração e a matriz de todas as forças vivas existentes no nosso sistema solar. É o coração e o centro do qual procedem, para espalharem-se em suas jornadas cíclicas, todas as potências que põem em ação os átomos na execução de seus deveres funcionais, e o foco dentro do qual eles se encontram mais uma vez em sua SÉTIMA ESSÊNCIA a cada onze anos. Podes rir daquele que te disser que viu o Sol, como se ele tivesse dito que, de fato, o Sol se move para trás no seu trajeto diário..."

(xxiii) "É devido à sua natureza setenária que o Sol é descrito pelos antigos como alguém dirigido por cavalos visíveis como os metros dos Vedas; ou ainda que, apesar de identificado com as SETE classes de seres em seu orbe, é diferente deles, como é, na verdade; como tem igualmente SETE RAIOS, como, de fato, tem..."

(xxv) "Os sete seres que existem no Sol são os sete Santos, autogerados do poder inerente à matriz da substância mãe. São eles que enviam as sete forças principais, chamadas raios, que no princípio da dissolução serão centralizadas em sete sóis destinados à próxima evolução. A energia que infundem na existência consciente de cada sol é o que algumas pessoas chamam de *Vishnu*, que é o alento da INCONDICIONALIDADE.

Nós o chamamos de vida manifestada una – que é, em si mesma, um reflexo do Absoluto..."

(xxvi) "Este último nunca deve ser mencionado por palavras nem citações PARA QUE NÃO POSSA RETIRAR UMA PARTE DA NOSSA ENERGIA ESPIRITUAL QUE ASPIRA alcançar SEU estado, sempre gravitando espiritualmente para a frente, e na SUA direção, da mesma maneira que todo o Universo físico gravita para o SEU centro manifestado – cosmicamente."

291 (xxvii) "O primeiro – a existência inicial – que enquanto permanece nesse estado de ser, pode ser chamado a VIDA UNA, é, como já foi explicado, um FILME destinado a objetivos criadores ou formadores. Manifesta-se em sete estados que, com suas subdivisões setenárias, são os QUARENTA E NOVE fogos mencionados nos livros sagrados ..."

(xxix) "O primeiro é a... 'mãe' (prima MATERIA). Dividindo-se nos seus sete estados primordiais, progride ciclicamente para baixo; depois de ter-se consolidado no seu ÚLTIMO princípio como MATÉRIA BRUTA, gira em torno de si mesmo e anima, com a sétima emanação desta última, o primeiro elemento e o mais baixo (a serpente que morde a própria cauda). Numa hierarquia ou ordem de seres, a sétima emanação de seu último princípio é:

(a) No mineral, a centelha que nele jaz latente, e é convocada para seu ser evanescente pelo POSITIVO que desperta o NEGATIVO (e assim por diante)...

(b) Na planta, é aquela força vital e inteligente que anima a semente e que a transmuta na folha da grama, ou na raiz e nos brotos. É o germe que se transforma na BASE dos sete princípios da coisa em que vive, expelindo-os quando essa coisa cresce e se desenvolve.

(c) Faz o mesmo com todos os animais. É o princípio da vida e a força vital; seus instintos e qualidades; suas características e suas idiossincrasias especiais...

(d) Ao homem, dá tudo que utiliza em todas as demais unidades manifestadas na natureza; mas nele desenvolve, além disso, o reflexo de todos os QUARENTA E NOVE FOGOS. Cada um desses sete princípios é o único herdeiro, e o participante, dos sete princípios da 'grande mãe'. O alento do seu primeiro princípio é o espírito. Seu segundo princípio, a alma, que chamamos erroneamente o sétimo. O terceiro dá-lhe: (a) a massa cerebral no plano físico, e (b) a MENTE que a põe em ação (que é a alma humana) segundo as suas capacidades orgânicas.

(e) É a força dirigente que existe nos elementos cósmicos e terrestres. Reside no fogo nascido de seu ser latente que se torna ativo; porque o total das sete subdivisões do princípio... reside no fogo terrestre. Rodopia com a brisa, curva-se com o furacão, e põe o ar em movimento, cujo elemento também faz parte de um dos seus princípios. Procedendo ciclicamente, regula o movimento da água, atrai e repele as ondas, de acordo com as leis fixas das quais o sétimo princípio é a alma inspiradora.

(f) Seus quatro princípios superiores contêm o germe que se desenvolve nos deuses cósmicos; os três princípios inferiores alimentam a vida dos elementos (elementais).

(g) Em nosso mundo solar, a existência una é o céu e a terra, a raiz e a flor, o pensamento e a ação.* É o Sol, e está presente até no verme. Nenhum átomo pode fugir-lhe. Consequentemente, os antigos sábios chamavam-na o Deus manifestado na natureza..."

295 Tudo aquilo que *é* emana do ABSOLUTO que, somente por esse qualificativo, surge como a realidade una e única – por isso, tudo o que é estranho a esse Absoluto, o elemento gerador e causador, *deve* ser, indiscutivelmente, uma ilusão. Contudo, é assim apenas do ponto de vista puramente metafísico. Um homem que se tenha na conta de mentalmente são, e que como tal é encarado por seus vizinhos, chama as visões de um irmão insano – cujas alucinações fazem *a vítima extraordinariamente feliz ou supremamente desgraçada, conforme o caso* – de ilusões e fantasias. Mas, onde está esse louco para quem as horríveis sombras de sua mente desorganizada, as suas *ilusões*, não são, futuramente, tão verdadeiras e reais como aquelas que seu médico ou protetor é

296 capaz de ver? Tudo é relativo neste universo, tudo é ilusão. No entanto, a experiência em qualquer plano é uma realidade para o ser perceptivo cuja consciência se encontra nesse plano, embora essa experiência, encarada de um ponto de vista puramente metafísico, possa ser concebida como destituída de qualquer realidade objetiva. Mas não é

---

* O texto original diz: "a ação e o pensamento". (N. do E.)

contra os metafísicos, e sim contra os físicos e materialistas, que os ensinamentos esotéricos precisam lutar, e para estes, a força vital, a luz, o som, a eletricidade e até a força objetivamente impulsionadora do magnetismo, não possuem uma vida objetiva, pois dizem que existem exclusivamente como "formas de movimento", "sensações e *efeitos* da matéria".

Em geral, nem os ocultistas, nem os teosofistas, rejeitam, como muitos erroneamente acreditam, os pontos de vista e as teorias dos cientistas modernos somente porque tais pontos de vista são contrários à teosofia. No entanto, a primeira regra da nossa sociedade é dar a César o que é de César. Consequentemente, os teosofistas são os primeiros a reconhecer o valor intrínseco da ciência. Mas, quando seus medalhões transformam a consciência numa secreção da massa cinzenta do cérebro, e tudo o mais que existe na natureza numa manifestação de movimento, nós protestamos contra tal doutrina como sendo antifilosófica, autocontraditória e simplesmente absurda, do ponto de vista *científico*, tão absurda e mesmo mais absurda se encarada sob o aspecto oculto do conhecimento esotérico.

Porque a luz astral possui segredos estranhos e misteriosos para aquele que nela pode ver; e os mistérios ocultos no interior das suas ondas incessantemente agitadas ESTÃO LÁ, em que pese a todo o grupo de materialistas e escarnecedores. Esses segredos, juntamente com muitos outros mistérios, continuarão inexistentes para os materialistas dos nossos dias, do mesmo modo que para os europeus a América não passava de um simples mito durante os primeiros anos da Idade Média, embora, vários séculos antes, escandinavos e noruegueses já tivessem desembarcado e se estabelecido no "Novo Mundo", na verdade um mundo muito velho. Mas, como Colombo nasceu para redescobri-la e obrigar o Velho Mundo a acreditar nos antípodas, assim também nascerão outros cientistas que descobrirão as maravilhas, que atualmente os ocultistas afirmam existirem nas regiões do éter, com seus variados e multiformes habitantes e entidades conscientes. Então, *nolens volens*, a ciência será obrigada a aceitar as velhas "superstições", como já fez de outras vezes. E tendo sido mais uma vez obrigada a aceitá-las – a julgar pelas experiências passadas – seus sábios professores exigirão, como no caso do mesmerismo e do magnetismo, hoje rebatizado de hipnotismo, a paternidade da coisa e rejeitarão seu (antigo) nome.

Mas a VERDADE, por mais desagradável que seja às maiorias geralmente cegas, sempre teve seus defensores prontos a morrer por ela, e não serão os ocultistas que hão de protestar contra sua adoção pela ciência, independentemente do nome que lhe deem. Entretanto, até que a sua aceitação seja imposta de maneira absoluta pelos cientistas, muitas verdades ocultas continuarão a ser encaradas como verdadeiros tabus, como fenômenos espíritas e outras manifestações psíquicas, para que, depois, seus ex-detratores delas se apoderem sem o mínimo gesto de reconhecimento ou gratidão.

298 É muito pouco provável que as mentes das atuais gerações não estejam devidamente amadurecidas para receberem as verdades ocultas. Tal será o retrospecto fornecido aos pensadores avançados da sexta raça-raiz sobre a história da aceitação da filosofia esotérica – total e incondicionalmente. Enquanto isso, as gerações da nossa quinta raça continuarão dominadas por preconceitos e prevenções. As ciências ocultas serão apontadas em cada esquina pelo dedo do sarcasmo, e todo o mundo tentará ridicularizá-las e combatê-las em nome e para a maior glória do materialismo e sua pretensa ciência.

299 Há cerca de quinze anos, a autora foi a primeira a repetir os sábios mandamentos do Catecismo Esotérico. "Fecha a boca, para que não possas falar DISTO (o mistério), e se teu coração te fugiu, traze-o de volta para o seu lugar, porque esse é o objetivo da nossa aliança." E novamente: "Este é um segredo que causa a morte; fecha tua boca para que não o reveles ao vulgo; comprime o cérebro para que dele nada possa escapar e cair para fora". (Regras da Iniciação.)

Alguns anos mais tarde, seria erguida uma ponta do Véu de Ísis; agora, faz-se uma rasgadura maior ...

No entanto, os velhos e acatados erros – como os que se tornam a cada dia mais patentes e evidentes por si mesmos – estão agora formados em ordem de batalha, como anteriormente. Reunidos pelo conservadorismo cego, pela vaidade e pelo preconceito, mantêm-se constantemente na estacada, prontos para estrangular qualquer verdade que, despertando de seu sono milenar, peça permissão para entrar. Assim tem sido desde que o homem se transformou num animal. E que isso sempre provoca a *morte moral* para aqueles que são os seus arautos, que trazem à luz qualquer dessas antiquíssimas verdades, é um fato tão certo como é igualmente certo que transmitem VIDA e REGENERAÇÃO àqueles que estão aptos a aproveitar, mesmo nas mais insignificantes proporções, o que agora lhes está sendo revelado.

Livro II
Antropogênese

Nos tempos primitivos, uma virgem,
Linda filha do éter,
Permaneceu durante idades
Na grande vastidão do céu.
....
Vagueou por setecentos anos,
Trabalhou setecentos anos,
Antes de nascer seu primogênito.
....
Antes que uma linda pata descesse,
Apressadamente, na direção da mãe-água.
....
Acomoda-se suavemente sobre o joelho,
Procurando um bom lugar para o ninho,
Onde deitar seus ovos com segurança.
Põe alegremente os ovos no ninho,
Seis, são os ovos que ela põe,
Depois, um *sétimo*, um ovo de ferro...

Kalevala, Runa I

1 **Notas Preliminares**

As Estâncias deste Livro, o segundo, foram tiradas dos mesmos arquivos arcaicos que as Estâncias sobre a cosmogonia, no Livro I.

Relativamente à evolução da humanidade, a Doutrina Secreta apresenta três novas proposições que se mantêm em franca oposição à ciência moderna, bem como aos atuais dogmas religiosos: assim, ensina (a) a evolução simultânea de sete grupos humanos em sete locais diferentes do nosso globo; (b) o nascimento do corpo *astral*, antes do corpo *físico*; e (c) que o homem, nesta ronda (a quarta), precedeu a todos os mamíferos – inclusive os antropoides – no reino animal.

5 São duas as "criações" assim chamadas. Tais "criações", segundo os ensinamentos ocultos, referem-se respectivamente à formação dos sete *homens*

2. primitivos pelos Progenitores ou Pais; e aqueles dos grupos humanos após a "queda" (a separação dos sexos). A primeira raça, que era *imperfeita*, nasceu antes da existência da "balança" (sexos). Seus filhos foram "destruídos", como raça, pela fusão com a própria progênie (por exudação); vale dizer, a raça assexuada (a primeira) reencarnou na (poten-

3. cialmente) bissexual (a segunda); esta última, nos andróginos (a terceira raça primitiva); estes, mais uma vez, reencarnaram-se na sexual, em fins da terceira raça.

É perfeitamente certo que o aparente sobrenaturalismo desses ensinamentos, apesar de alegóricos, são tão diametralmente opostos à letra morta das narrativas da Bíblia, como também às últimas hipóteses da ciência, que provocarão um desmentido apaixonante. Entretanto, os ocultistas sabem que as tradições da filosofia esotérica devem ser corretas simplesmente porque são as mais lógicas e resolvem qualquer dificuldade.

6. Antes de passarmos à *antropogênese* das raças pré-históricas, é conveniente concordar sobre os nomes a serem dados aos continentes nos quais essas quatro grandes raças, que precederam a nossa raça *adâmica* (a ariana), nasceram, viveram e morreram. Seus nomes arcaicos e esotéricos foram muitos, e variaram com a língua da nacionalidade que os mencionou nos seus anais e escrituras.

Portanto, tendo em vista a possível e muito provável confusão que isso possa provocar, é mais conveniente adotar, para cada um dos quatro continentes constantemente mencionados, um nome mais familiar ao leitor culto. Assim, ficou estabelecido chamar o primeiro continente, ou melhor, a primeira *terra firme* sobre a qual a primeira raça foi criada pelos progenitores divinos:

I. A IMPERECÍVEL TERRA SAGRADA.

As razões para a escolha desse nome são explicadas da seguinte maneira: diz-se que essa "terra sagrada" nunca teve a mesma sorte dos demais continentes; isso porque é a única cujo destino é perdurar do princípio ao fim da evolução por toda a duração de cada ronda. É o berço do primeiro homem e a morada do último mortal *divino*, escolhido para ser a *semente* da futura humanidade. Muito pouco se pode dizer dessa terra sagrada e misteriosa, exceto, talvez, e segundo a expressão poética de um dos Comentários, que "a estrela polar mantém-na sob seu olhar atento desde a madrugada até os últimos raios do crepúsculo de 'um dia' do GRANDE ALENTO".

II. HIPERBÓREO será o nome escolhido para o segundo continente, a terra que, a partir do Polo Norte, estendia seus promontórios na direção do sul e do oeste, a fim de abrigar a segunda raça, compreendendo todo o território do norte da Ásia.

Era esse o nome dado pelos gregos primitivos à longínqua e misteriosa região para onde a sua tradição fazia com que Apolo, o "Hiperbóreo", viajasse todos os anos. *Astronomicamente*, como é natural, Apolo é o Sol, que, abandonando seus santuários helênicos, gostava de visitar periodicamente sua pátria distante, onde se dizia que permanecia oculto durante seis meses.

Historicamente, porém, ou melhor, etnológica e geologicamente, o significado é diferente. A terra dos hiperbóreos, o país que se estendia para além de Bóreas, o deus de coração gelado do país das neves e dos furacões e que gostava de dormir pesadamente sobre a cadeia do Monte Riphaeus, não era nem um país ideal, como imaginado pelos mitólogos, nem uma terra situada nas vizinhanças da Cítia e do Danúbio. Era um continente real, uma terra verdadeira que nos tempos primitivos não conhecia o inverno, nem onde, mesmo atualmente, o frio dura mais de um dia e uma noite durante todo o ano. Os gregos diziam que as sombras noturnas jamais se estendiam sobre ela; porque é a *terra dos Deuses*, a morada favorita de Apolo, o deus da luz, e seus habitantes são seus amados sacerdotes e servos. Hoje, isso pode ser encarado como uma ficção poética; naqueles recuados tempos, porém, era uma *verdade* poética.

III. Propomos chamar o terceiro continente de LEMÚRIA. Incluía certas áreas do que é hoje a

África; mas, de outro modo, esse continente gigantesco, que se estendia do oceano Índico à Austrália, desapareceu inteiramente sob as águas do Pacífico, deixando apenas, aqui e ali, alguns dos seus picos mais elevados que atualmente são ilhas.

8 IV. A ATLÂNTIDA é o quarto continente. Seria a primeira terra histórica onde as tradições dos antigos deveriam receber mais atenção do que antes. A famosa ilha do mesmo nome citada por Platão era apenas um fragmento desse grande continente.

V. O quinto continente é a AMÉRICA;* no entanto, por estar situada nos antípodas, a Europa e a Ásia Menor, quase suas coevas, são geralmente mencionadas pelos ocultistas indo-arianos como o quinto continente. Se seus ensinamentos acompanhassem o aparecimento dos continentes na respectiva ordem geológica e geográfica, então essa classificação devia ter sido alterada. Mas, uma vez que a sequência dos continentes é feita de maneira a acompanhar a ordem de evolução das raças, da primeira à quinta, a nossa atual raça-raiz ariana, a EUROPA deve ser chamada o quinto grande continente.

A Doutrina Secreta não se interessa por ilhas e penínsulas, nem obedece à atual distribuição das terras e dos mares. Dos seus primeiros ensina-

---

* O texto original diz "foi" em lugar de "é". (N. do E.)

9

mentos à destruição da grande Atlântida, a face da Terra experimentou mais de uma modificação. Houve época em que o delta do Egito e a África do Norte pertenciam à Europa, anteriormente à formação do estreito de Gibraltar, e uma posterior elevação do continente modificou inteiramente a face do mapa europeu. A última modificação importante ocorreu há cerca de doze mil anos, e foi acompanhada pela submersão da pequena ilha atlântica de Platão, que ele chama de Atlântida, nome tirado do grande continente. Nos tempos antigos, a geografia fazia parte dos mistérios. "Esses segredos (sobre as terras e os mares) foram transmitidos *aos homens da Ciência Secreta*, mas não aos geógrafos."

A suposição de que o homem físico foi, inicialmente, um colossal gigante pré-terciário e que já existia há dezoito milhões de anos (18.000.000) parecerá, naturalmente, absurda aos admiradores e crentes da ciência moderna. Todo o *posse comitatus* dos biologistas afastar-se-á da concepção dessa terceira raça de titãs do período secundário, seres criados para lutar vantajosamente com os gigantescos monstros aéreos, marítimos e terrestres de então, do mesmo modo que seus ancestrais – o eterno protótipo atlantiano (lemuriano) – pouco tinham a temer daquilo que não lhes podia fazer nenhum mal. Com toda a certeza, o antropologista moderno há de rir dos nossos titãs, como ri do

Adão bíblico, e como o teólogo também ri de seu ancestral pitecantropoide. Os ocultistas e seus críticos severos podem verificar que, a esta altura, já reconciliaram seus respectivos pontos de vista. Em todas as oportunidades, as Ciências Ocultas afirmam menos e oferecem mais que a antropologia ou a teologia bíblica.

10. A Doutrina Secreta (ademais) dá de quatro a cinco milhões de anos para o período ocorrido entre o início e a evolução final da quarta raça-raiz, no continente Lêmuro-Atlantiano; um milhão de anos para a quinta, ou raça-raiz ariana, da sua fundação até nossos dias; e cerca de 850.000 anos desde a submersão da última grande península da grande Atlântida.

A cronologia esotérica não deve amedrontar a quem quer que seja; isso porque, no tocante aos números, as grandes autoridades (científicas) modernas são tão instáveis e incertas como as ondas do Mediterrâneo. E só no tocante à duração dos períodos geológicos, os sábios da *Royal Society*

11. estão inteiramente à deriva, saltando com a maior facilidade de um milhão até quinhentos milhões de anos. Para nós, porém, o ponto principal não reside no acordo ou desacordo dos naturalistas quanto à duração desses períodos geológicos, mas sim, e surpreendentemente, na sua concordância sobre determinado ponto da maior importância.

Todos eles concordam em afirmar que durante o período mioceno – quer tenha sido há um ou há dez milhões de anos passados – a Groenlândia e até o Spitzberg, remanescentes do segundo continente, ou Hiperbóreo, "tinham um clima quase tropical". Ora, os gregos pré-homéricos preservaram uma tradição viva dessa "Terra do Sol Eterno", para onde o seu Apolo viajava todos os anos. "Durante o período mioceno (a 70° de latitude Norte) desenvolveu-se enorme quantidade de árvores, tais como o teixo, a sequoia vermelha, a sequoia comum, aliadas a espécies californianas como a faia, os plátanos, os salgueiros, os carvalhos, os choupos e as nogueiras, do mesmo modo que a magnólia e a zâmia", afirma a ciência; em suma, na Groenlândia vicejavam plantas do sul desconhecidas nas regiões do norte.

E então surge uma pergunta perfeitamente natural. Se os gregos tinham conhecimento, nos dias de Homero, da existência de uma terra hiperbórea, isto é, uma terra abençoada que estava fora do alcance de Bóreas, o deus do inverno e da tempestade, uma região ideal que os gregos posteriores e seus clássicos tentaram inutilmente localizar, procurando-a para além da Cítia, um país cujas noites eram breves e os dias longos, e ainda além daquela terra um país onde o Sol nunca se põe e as palmeiras crescem livremente – se sabiam de tudo isso, então, quem lhes revelou essas coisas?

Em seu tempo, e durante períodos anteriores, a Groenlândia já devia estar coberta de neves perpétuas que jamais se derretiam, tal como atualmente. Tudo parece mostrar que a terra das noites curtas e dos dias longos era a Noruega ou a Escandinávia, *para além* das quais existia a terra abençoada da luz e do verão eternos; e para sabê-lo, suas tradições devem ter sido recebidas de outro povo mais antigo que eles, um povo conhecedor desses detalhes climáticos dos quais os gregos não podiam saber absolutamente nada. Mesmo atualmente, a ciência (?) suspeita da existência, além dos mares polares e dentro dos limites do Polo Ártico, de um mar cujas águas nunca ficam geladas e de um continente eternamente verdejante. Os ensinamentos arcaicos afirmam a mesma coisa. Assim, para nós basta a forte probabilidade de saber que durante o período mioceno da ciência moderna existiu um povo, hoje desconhecido da História, numa época em que a Groenlândia era um país quase tropical.

As Estâncias de Dzyan

ESTÂNCIA I
Primórdios da Vida Senciente

Os Espíritos da Terra

22 1. O espírito que move o quarto é o servo dos espíritos dos sete, aqueles que giram, dirigindo os carros em torno do seu senhor, o olho único do nosso mundo. Seu alento dá vida aos sete. Como deu vida ao primeiro.

Quarto: o globo, a Terra.
Sete: espíritos planetários.
Olho único: Sol espiritual.

Invocação da Terra ao Sol

27 2. Disse a Terra: "Senhor da face resplandecente, minha casa está vazia... Envia teus filhos para povoar esta roda. Tu já enviaste teus sete filhos ao senhor da sabedoria. Sete vezes ele te vê mais próximo de si mesmo, sete vezes mais ele te sente. Tu proibiste teus servos, os anéis pequenos, de captar tua luz e teu calor, que tua grande munificência intercepta à sua passagem. Agora, manda teu servo fazer o mesmo".

Senhor da face resplandecente: o Sol.

Esta roda: a Terra.

Senhor da sabedoria: Mercúrio, o irmão mais velho da Terra (*Doutrina Secreta*, II, 45).

Anéis pequenos: os pequenos planetas existentes entre a Terra e o Sol. Mercúrio, Vênus e o Sol são um (*Doutrina Secreta*, II, 28, 542).

44 *A resposta do Sol*

3. Disse o senhor da face resplandecente: "Eu te enviarei um fogo quando começar o teu trabalho. Ergue tua voz para outros planos; suplica a teu pai, o senhor do lótus, que te envie seus filhos... Teu povo viverá sob o domínio dos (senhor dos) pais. Teus homens serão mortais. Os homens do senhor da sabedoria, não os filhos da Lua, serão imortais. Cessa as tuas queixas. Tuas sete peles ainda estão sobre ti... Tu ainda não estás pronta. Teus homens também não".

Senhor do lótus: a Lua.

Senhor dos pais: deus da morte, juiz dos mortais.

Homens do senhor da sabedoria: a humanidade de Mercúrio.

Transformação da Terra

46 4. Depois das grandes dores, ela expeliu de si mesma as três velhas e vestiu-se com sete peles novas, e permaneceu com a primeira.
Dores: modificações geológicas.
Três velhas: as peles das três primeiras rondas.

ESTÂNCIA II
Fracassa a Natureza Desprotegida

Depois de períodos enormes a Terra produz monstros

52 5. A roda girou por mais trinta crores. Construiu formas; pedras moles que endureceram, plantas endurecidas que se tornaram flexíveis. O visível nasceu do invisível, os insetos e os de vidas curtas. Ela os expulsava de suas costas todas as vezes que eles ultrapassavam a mãe.

Depois de trinta crores, ela voltou-se. Deitou-se sobre as costas e sobre o lado. Não chamou os filhos do Céu, não chamou os filhos da sabedoria. Criou-os do próprio seio. Produziu homens aquáticos, terríveis e maus.

Trinta crores: 300 milhões de anos, ou três idades ocultas.

Deitou-se sobre as costas: mudança radical na inclinação do eixo da Terra.

Pedras: minerais.
Plantas: vegetação.
Vidas curtas: animais, répteis. (Ver a página 47).
Expulsou-os de suas costas: convulsões geológicas.

Os criadores ficaram descontentes

6. Os homens aquáticos, terríveis e maus, ela mesma os criou com os restos dos outros. Das escórias e do lodo de seus primeiro, segundo e terceiro, ela os produziu. As Inteligências Espirituais vieram e observaram. Inteligências Espirituais vindas do luminoso pai-mãe, das regiões imaculadas, das moradas dos mortais-imortais.

Ela mesma: a Terra.
Restos dos outros: dos outros reinos, mineral, vegetal e animal.
Primeira, segunda e terceira: rondas.
Pai-mãe: solar-lunar.*

Eles secaram a Terra

7. Estavam descontentes. "Nossa carne não está ali. Não há formas adequadas para nossos irmãos da quinta. Não há moradas para suas vidas. Eles devem beber água pura, e não lodosa. Vamos secá-los."

Quinta: hierarquia criadora, demônios. (Ver a Estância I, verso 47).

---

* No texto original, essa expressão vem depois da palavra "branca". (N. do E.)

Secar: murchar, destruir.

Elas destruíram as formas

63 8. Chegaram as chamas. Os fogos com as centelhas; os fogos noturnos e os fogos diurnos. Secaram as escuras águas lodosas. Extinguiram-nas com seu calor. Chegaram os espíritos do alto, e os espíritos de baixo. Exterminaram as formas de duas e de quatro faces. Lutaram contra os homens-caprídeos, contra os que tinham cabeça de cão, e com os que tinham corpo de peixe.

Chamas: da primeira hierarquia criadora.

Espíritos de baixo: dos graus inferiores, mas um passo acima da nossa esfera terrestre.

As primeiras grandes marés

64 9. A água-mãe, o grande mar, chorou. Ergueu-se, desapareceu na Lua, que a tinha elevado, que lhe dera o ser.

Lua: mais velha que a Terra, à qual deu origem.

O início da crosta

65 10. Depois que foram destruídos, a mãe Terra ficou nua. Ela pediu que ficasse seca.

Seca: tinha chegado a época da criação da crosta terrestre.

ESTÂNCIA III
Tentativas para Criar o Homem

As descidas do Demiurgo

75 11. O senhor dos senhores chegou. De seu próprio corpo separou as águas, e isso ficou sendo o céu de cima, o primeiro céu.

Senhor dos senhores: Demiurgo.
Separou as águas: as de baixo das de cima.
Primeiro céu: atmosfera, ar, firmamento.

Os deuses lunares tiveram ordem de criar

75 12. Os grandes senhores chamaram os senhores da Lua e os de corpos sutis: "Criai os homens, homens de vossa natureza. Dai-lhes suas formas internas. Ela construirá as coberturas externas. Serão macho-fêmea. Os senhores da chama também".

Senhores da Lua: ancestrais lunares, progenitores, pais, que deram aos homens os três princípios inferiores (desejo, vida, duplo).

Ela construirá as coberturas: a Terra fornece o princípio mais baixo, o corpo físico.

Senhores da chama: que deram aos homens o quinto *princípio, a mente*.

Recusa dos deuses superiores

77 13. Eles partiram, cada qual para a terra que lhes foi destinada; sete deles, cada um no seu grupo. Os Senhores da Chama ficaram atrás. Eles não deviam criar.

Eles: os deuses lunares.

Cada qual na terra que lhes foi destinada: sete raças humanas diferentes, externa e internamente, em sete zonas diferentes.

ESTÂNCIA IV
A Criação da Primeira Raça

A criação dos homens

86   14. Os sete hospedeiros, os nascidos da vontade, impelidos pelo espírito doador da vida, separaram os homens uns dos outros, cada um em sua própria zona.

Sete hospedeiros: os senhores da Lua.

Nascidos da vontade: Nascidos da mente, autocriados. (Ver o verso 20).

Homens separados: criaram as sombras, isto é, os corpos astrais, ou duplo etérico, para que os homens neles habitassem.

Elas são sombras vazias

90   15. Foram criadas sete vezes sete sombras dos futuros homens, cada qual com a sua própria cor e tipo. Todas inferiores a seu pai. Os pais, os que não tinham ossos, não podiam dar vida a seres com ossos. Seus filhos eram fantasmas, que não

tinham forma nem mente. Por isso, são chamados de a raça das sombras.

Sete vezes sete: cada raça-raiz possui sete sub-raças.

Os criadores ficam perplexos para saber como criar um homem dotado de raciocínio

16. Como nasceram os homens? Como foram criados os pensadores dotados de mente? Os pais chamaram o próprio fogo em seu auxílio, que é o fogo que arde na Terra. O espírito da Terra chamou o fogo solar em seu auxílio. Os três, num esforço conjunto, criaram uma forma conveniente. Podia ficar de pé, andar, correr, deitar ou voar. Entretanto, ainda não passava de uma sombra sem sentidos.

Fogo: fogo elétrico, fogo lunar.

Fogo solar: espírito do Sol.

Os três: Sol, Lua, Terra (ou por outra: o pai e os dois fogos).

Uma forma conveniente: um animal perfeito.

Sem sentidos: sem a mente.

O que é necessário para a formação de um homem perfeito

17. O alento precisava de uma forma; os pais a forneceram. O alento precisava de um corpo denso; a terra modelou-o. O alento precisava do espírito da vida; os espíritos solares infundiram-no em

sua forma. O alento precisava de uma imagem do próprio corpo: "Nós te daremos a nossa", disseram as Inteligências Espirituais. O alento precisava de um veículo dos desejos: "Já o tem", disse o secador das águas. Mas o alento precisava de uma mente para abarcar o universo: "Isso não podemos dar!", disseram os pais. "Eu nunca tive uma", disse o espírito da Terra. "A forma seria consumida se eu lhe desse uma mente!", disse o grande fogo. O homem continuou como um fantasma oco e sem raciocínio. Assim, os que não tinham ossos deram vida àqueles que na terceira se tornaram homens dotados de ossos.

Alento: a mônada humana.

Modelo: sombra astral, duplo etérico.

Secador das águas: o fogo da paixão e o instinto animal.

Grande fogo: o fogo solar.

Homem: o homem nascente.

Terceira: raça, bissexual. (Ver o verso 19).

ESTÂNCIA V
A Evolução da Segunda Raça

Os filhos do Yoga

109   18. Os primeiros foram os filhos do Yoga. Seus filhos, os filhos do pai amarelo e da mãe branca.

Primeiros: raça, assexuada. (Ver o verso seguinte, e a nota ao pé da página).

Pai amarelo: Sol.
Mãe branca: Lua.

*A segunda raça assexual**

116 19. A segunda raça foi produzida pela gemação e expansão, a assexual da sem sexo.** Assim foi, ó discípulo, produzida a segunda raça.
Gemação: nascidos do suor.
Assexual: forma.
Sem sexo: sombra.

Os filhos dos filhos do crepúsculo

120 20. Seus pais foram os autonascidos. Os autonascidos, as sombras dos corpos brilhantes dos senhores, os pais, os filhos do crepúsculo.
Seus pais: a primeira raça.
Autonascidos: nascidos da vontade, nascidos da mente. (Ver o verso 14).
Senhores: da Lua.
Crepúsculo: cadeia lunar.

---

* O original diz "sem sexo" por "assexual", que não está de acordo com o verso. Existe uma diferença sutil entre as duas expressões, sendo o assexual, ou "potencialmente" sexuado, intermediário entre o sem sexo e o "verdadeiramente" bissexual. Ver a p. 109. (N. do E.)
** A ideia e o espírito da sentença estão aqui apenas transmitidos, uma vez que qualquer tradução verbal pouco adiantaria ao leitor.

*A "sombra", ou o homem astral, retira-se
para o interior, e o homem desenvolve um corpo físico*

121   21. Quando a raça envelheceu, as águas antigas misturaram-se com as águas novas. Quando suas gotas ficaram turvas, dissiparam-se e desapareceram na corrente nova, na corrente quente da vida. O exterior do primeiro tornou-se o interior do segundo. A antiga asa tornou-se a sombra nova, e a sombra da asa.

As águas misturaram-se: a antiga, a primeira raça, misturou-se à primeira e tornou-se una com ela; a primeira raça nunca morreu.

O exterior tornou-se o interior: o homem desenvolve um corpo físico.

Antiga asa: o duplo etérico.

Sombra nova: o corpo grosseiro.

ESTÂNCIA VI
A Evolução dos Nascidos do Suor

131   *Continua a evolução das três (primeiras) raças*

22. Então, a segunda produziu a nascida do ovo, a terceira. O suor aumentou, suas gotas aumentaram e tornaram-se duras e redondas. O Sol as aqueceu; a Lua as esfriou e modelou; o vento alimentou-as até a sua maturidade. O cisne bran-

co vindo da abóbada estrelada obscureceu a grande gota. O ovo da futura raça, o homem-cisne da terceira posterior. Primeiramente, macho-fêmea; depois, homem e mulher.

Terceira: raça.

Cisne branco: a Lua.

Macho-fêmea: bissexual, hermafrodita, andrógino.

Homem e mulher: separação dos sexos há 18.000.000 de anos.

138
A segunda raça produz a terceira e morre

23. Os autonascidos eram as sombras dos corpos dos filhos do crepúsculo. Nem a água e nem o fogo puderam destruí-los. Seus filhos, porém, foram destruídos.

Autonascidos: a primeira raça.

Seus filhos foram: a segunda raça foi destruída pela água e pelo fogo.

ESTÂNCIA VII
Dos Sete Divinos para a Primeira Raça Humana

161
Os criadores Superiores rejeitam em seu orgulho as formas desenvolvidas pelos "filhos do Yoga"

24. Os filhos da sabedoria, os filhos da noite, prontos para renascer, desceram. Observaram as formas vis da terceira primitiva. "Podemos esco-

lher", disseram os senhores; "possuímos a sabedoria." Alguns tomaram conta das sombras. Outros projetaram uma faísca. E outros adiaram até a quarta. De sua própria forma supriram o veículo-desejo. Os que entraram tornaram-se Arhats. Os que receberam apenas uma faísca continuaram desprovidos de conhecimento; a faísca permaneceu bruxuleante. A terceira continuou sem mente. Suas vidas não estavam prontas. Estas ficaram separadas entre as sete. Tornaram-se estúpidas. A terceira estava pronta. "Nestes, nós habitaremos", disseram os Senhores da Chama e da sabedoria negra.

Filhos da noite: os da primeira cadeia.

Vis: do ponto de vista intelectual, porque ainda destituídos de sentidos e mente.

Terceira primitiva: a primeira metade da terceira raça.

Quarta: raça.

Conhecimento: conhecimento superior.

Suas vidas: suas mônadas.

Não estavam prontos: para encarnar.

As sete: espécies ou raças humanas primitivas.

Estúpidos: de inteligência limitada. (Ver versos 32, 41).

A terceira: a terceira sub-raça da terceira raça-raiz.

Da sabedoria negra: os demônios nascidos do "corpo da noite", a primeira cadeia.

Eles não encarnarão nos primeiros nascidos do ovo

171   25. Como agiram os filhos da sabedoria? Eles rejeitaram os autonascidos. Não estavam prontos. Repeliram os nascidos do suor. Não estavam prontos. Não ocupariam os primeiros nascidos do ovo.
Autonascidos: a primeira raça.*
Nascidos do suor: a segunda raça, destituída de ossos.
Primeiros nascidos do ovo: as primeiras sub-raças da terceira raça.

Escolheram os andróginos

172   26. Quando os nascidos do suor produziram os nascidos do ovo, os duplos, os fortes, os poderosos dotados de ossos, os senhores da sabedoria disseram: "Agora precisamos criar".
Duplos: a terceira raça andrógina.

O primeiro dotado de mente

172   27. A terceira raça tornou-se o veículo dos senhores da sabedoria. Ela produziu pelo poder mágico "os filhos da vontade e do Yoga", criou-os, os pais sagrados, ancestrais dos Arhats.
Poder mágico: poder criador da vontade e do pensamento, saindo da luz e da vida eterna, e dos fenômenos da matéria.

---

* Essas expressões estão mal colocadas no texto original. Ver *Doutrina Secreta*, II, 164-5. (N. do E.)

Pais sagrados: o "sagrado grão de semente" dos futuros salvadores da humanidade, da hierarquia espiritual do mundo não procriados, mas criados de modo realmente imaculado.

ESTÂNCIA VIII
A Evolução dos Mamíferos – A Primeira Queda

Como foram produzidos os primeiros mamíferos

180   28. Os primeiros mamíferos* foram produzidos das gotas de suor, dos resíduos da substância, da matéria dos corpos mortos de homens e animais da roda anterior, e da poeira rejeitada.

Roda anterior: ronda anterior.

Primeiros mamíferos: da atual quarta ronda, na qual os mamíferos foram obra da evolução posterior ao homem.

Uma evolução quase darwiniana

183   29. Animais dotados de ossos, dragões das profundezas e serpentes voadoras foram acrescentados às coisas rastejantes. Os que rastejam sobre a terra ganharam asas. Os de grande pescoço que vivem na água tornaram-se os progenitores das aves do ar.

Animais dotados de ossos: vertebrados.

Coisas rastejantes: répteis.

---

* O texto original diz "animais", em vez de "mamíferos". (N. do E.)

Os animais ganham corpos sólidos

183 30. No decorrer da terceira, os animais sem ossos cresceram e se modificaram; transformaram-se em animais dotados de ossos, e suas sombras se solidificaram.

A terceira: raça.

Animais dotados de ossos: Surgiram primeiro os vertebrados, em seguida os mamíferos. Anteriormente, os animais eram, assim como o homem, proto-organismos etéreos.

A separação dos sexos

184 31. Os animais foram os primeiros que tiveram os sexos separados. Começaram a procriar. O homem duplo (então) também se separou. Disse: "Sejamos como eles; unamo-nos e façamos outras criaturas". E uniram-se.

Separados: em macho e fêmea. Hoje em dia é indiscutível a existência dos antigos mamíferos hermafroditas e a subsequente separação dos sexos, mesmo do ponto de vista da biologia.

O primeiro pecado dos homens sem mente

184 32. E os que não possuíam a faísca tomaram para si grandes fêmeas animais. Engendraram nelas as raças mudas. Porque eles também eram mudos. Mas suas línguas estavam soltas. E as línguas dos seus filhos permaneceram mudas. Eles procriaram monstros. Uma raça de monstros arqueados, cobertos de pelo vermelho, que caminhavam sobre os quatro membros. Uma raça que é muda para esconder a vergonha da sua origem.

Os que não possuíam a faísca: os estúpidos do verso 24.

Raça de monstros: não os antropoides ou os outros monos, mas, de fato, os que os antropólogos chamam de "o elo perdido", o primitivo homem inferior, o pseudo-homem, e não o verdadeiro homem. Até essa raça encontrar-se-á no último dia num dos sete caminhos. (*Doutrina Secreta* II, 191).

Vergonha: de sua origem animal, que os nossos modernos cientistas deveriam salientar, se pudessem.

ESTÂNCIA IX
A Evolução Final do Homem

Os não criadores* se arrependem

191 33. Observando isso, os espíritos que não tinham construído homens choraram, dizendo:

Observando isso: observando o pecado cometido com os animais.

Os espíritos: os "filhos da sabedoria".

Não tinham construído: recusaram-se a criar.

---

* O texto original diz "criadores" em vez de "não criadores". Porém, ver o verso 25. (N. do E.)

Eles expiam a própria negligência

191   34. "Os sem mentes macularam nossas futuras moradas. Isso é karma. Vamos morar nas outras. Vamos ensiná-los melhor, para evitar o pior." E assim fizeram.

Os homens são dotados de mentes

191   35. Então, todos os homens passaram a ser dotados de mentes. Eles presenciaram o pecado dos que não tinham mente.

O pecado: a "queda". O sábio guarda o lar da ordem da natureza.

A Quarta Raça desenvolve a fala perfeita

198   36. A quarta raça desenvolveu a fala.

Desenvolveu a fala: a primeira raça era muda; a segunda possuía uma linguagem de sons, sons cantados e compostos somente de vogais; de início, a terceira desenvolveu uma ligeira melhoria sobre os diversos sons da natureza, como o grito dos insetos gigantescos e dos primeiros mamíferos. Depois da separação dos sexos, na última fase da terceira raça, surgiu a linguagem monossilábica. Por esse tempo, toda a humanidade falava uma língua única e labial. A quarta raça desenvolveu a linguagem aglutinada, e a quinta, a inflexiva.

Todas as unidades andróginas foram separadas e tornaram-se unissexuais. *

201 37. O um tornou-se dois; e também todas as coisas vivas e rastejantes que ainda eram únicas, os peixes gigantescos, as aves e as serpentes de cabeças escamosas.

O um: os andróginos.
Dois: macho e fêmea.

ESTÂNCIA X
A História da Quarta Raça

O nascimento da quarta raça, a atlantiana

227 38. Assim, dois a dois, nas sete zonas, a terceira raça produziu a quarta; os deuses passaram a ser não deuses.

Sete zonas: do terceiro continente, a Lemúria.
Dois a dois: machos e fêmeas.
Não deuses: demônios, anjos "caídos", homens.

As sub-raças da quarta humanidade começaram a dividir-se e a misturar-se; produzem as primeiras raças mistas de várias cores

227 39. A primeira, de cada zona, era da cor da Lua; a segunda, amarela como o ouro; a terceira, vermelha; a quarta, parda, que se tornou negra.

---

* O texto original traz "bissexual" em vez de "unissexual". (N. do E.)

Os primeiros sete rebentos humanos eram todos iguais. Os futuros sete começaram a misturar-se.

Os primeiros sete rebentos humanos: da primeira sub-raça.

Os futuros sete: da segunda sub-raça.

Todos iguais: de sangue puro.

A superioridade da raça atlantiana sobre as outras raças

271   40. Então, a terceira e a quarta tornaram-se orgulhosas. "Somos os reis; somos os deuses."

A terceira e a quarta: raças, lêmuro-atlantianas.

Mergulharam no pecado e procriaram crianças e monstros

271   41. Tomaram esposas de aparência agradável. Esposas tiradas dos "sem mente", os estúpidos. Procriaram monstros, demônios cruéis, machos e fêmeas, e também mulheres-demônios de mente curta.

Estúpidos: (Ver os versos 24, 32).

Tomaram esposas: a primeira guerra que a Terra presenciou, o primeiro sangue derramado, foi o resultado do desenvolvimento dos olhos e dos sentidos humanos, que permitiu que o homem visse que as filhas e as mulheres dos seus irmãos eram mais graciosas que as suas.

Os primeiros germes do antropomorfismo e da religião sexual. Eles perderam o "terceiro olho"

42. Construíram templos para o corpo humano. Adoraram macho e fêmea. Então, o terceiro olho deixou de funcionar.

Adoraram macho e fêmea: princípios do falicismo e do culto sexual.

O terceiro olho deixou de funcionar: uma vez que o homem mergulhou profundamente no lodaçal da matéria.

ESTÂNCIA XI

Civilização e Destruição da Terceira e da Quarta* Raças

Os lêmuro-atlantianos construíram cidades e disseminaram a civilização. O estágio inicial do antropomorfismo

43. Eles construíram enormes cidades, com terras e metais raros. Dos fogos expelidos, da pedra branca das montanhas e da pedra preta, esculpiram as próprias imagens, do mesmo tamanho e semelhança, e as adoraram.

Eles: os lêmuro-atlantianos. A esta altura temos de misturar ambos e citá-los coletivamente durante certo tempo.

---

* O texto original fala da "quarta e quinta", em vez de "terceira e quarta". (N. do E.)

Dos fogos expelidos: lava.
Pedra branca: mármore.
Pedra preta: dos fogos subterrâneos.

Suas estátuas, testemunhos da altura dos lêmuro-atlantianos

331   44. Construíram grandes imagens de nove jardas de altura, do tamanho de seus próprios corpos. Os fogos internos* tinham destruído a terra dos seus pais. As águas ameaçaram o quarto.

Fogos internos: chamas vulcânicas.
Terra dos seus pais: a Lemúria.
O quarto: continente, a Atlântida.

A Lemúria foi destruída pelo fogo, a Atlântida pela água. O dilúvio

349   45. Chegaram as primeiras grandes águas. Elas inundaram as sete grandes ilhas.

Sete grandes ilhas: pertencentes ao continente da Atlântida.

A destruição da quarta raça e dos monstros animais antediluvianos

349   46. Todos os santos foram salvos, os pecadores destruídos. Com eles pereceu a maior parte dos grandes animais, produzidos pelo suor da Terra.

Todos os santos: os que não tinham perdido o uso do terceiro olho.

---

* O texto original diz em certo lugar "lunar" por "interno". (N. do E.)

Os pecadores: magos e feiticeiros.

Grandes animais: os espíritos materiais inferiores da Terra.

ESTÂNCIA XII
A Quinta Raça e seus Instrutores Divinos

Os remanescentes das duas primeiras raças desaparecem para sempre. Grupos das várias raças atlantianas foram salvos do dilúvio juntamente com os futuros pais da quinta

351 47. Poucos sobreviveram. Somente alguns amarelos, alguns pardos e negros, e alguns vermelhos. Os da cor da Lua desapareceram para sempre.

Os da cor da Lua: da primitiva estirpe divina da primeira e da segunda raças.

Amarelos, pardos, negros, vermelhos: subdivisões da primeira sub-raça da quinta raça-raiz.

Origens da nossa raça atual, a quinta.
As primeiras dinastias divinas

351 48. A quinta foi criada com a estirpe sagrada que sobreviveu; e foi governada pelos primeiros reis divinos.

Os primeiros lampejos na História, hoje atribuídos à cronologia alegórica da Bíblia, com a história "Universal" a eles escravizada. A natureza dos primeiros instrutores e civilizadores da humanidade.

351   49. As serpentes que desceram novamente, que fizeram as pazes com a quinta, que a ensinaram e instruíram.

Serpentes que desceram novamente: os Adeptos, ou "sábios" que viviam em moradas subterrâneas, geralmente ao abrigo de certo tipo de estruturas piramidais, são as "serpentes de sabedoria cujas tocas encontram-se agora sob as pedras triangulares".

Conclusão

437 A duração dos períodos que separam, no tempo e no espaço, a quarta da quinta raça – nos históricos e até nos lendários primórdios da última – é enorme demais para que possamos oferecer, mesmo a um teosofista, qualquer descrição válida sobre eles. No decorrer das idades pós-diluvianas – marcadas em determinadas épocas periódicas pelos mais terríveis cataclismos – muitas raças e muitas nações nasceram e desapareceram quase sem deixar nenhum rastro para que alguém possa descrevê-las, mesmo de maneira mais sucinta. Se os Mestres de Sabedoria conhecem a história consecutiva e completa de nossa raça desde os seus primeiros dias até hoje; se possuem um registro ininterrupto do homem, a partir do momento em que este se transformou num ente físico perfeito e, assim, tornou-se

438 o rei dos animas e o senhor da Terra – não compete à autora afirmar. Muito provavelmente assim é, e essa é a nossa convicção pessoal. Mas, se assim for, esse conhecimento pertence exclusivamente aos *mais altos* Iniciados, que não o transmitem a seus discípulos. Portanto, a autora só pode revelar o que lhe foi ensinado, e nada mais.

No entanto, mesmo isso parecerá ao leitor profano um sonho extraordinário e fantástico, muito mais que uma possível realidade. É apenas natural que assim seja, uma vez que por muitos anos foi essa a impressão causada à humilde autora destas páginas. Nascida e educada nos países europeus presumível ou realmente civilizados, ela assimilou o que aqui foi revelado com a maior dificuldade. Mas, existem provas de determinada natureza que são irrefutáveis e indiscutíveis para qualquer mentalidade séria e despida de preconceitos. Durante vários anos essas provas lhe foram exibidas, e hoje está absolutamente convencida de que o nosso globo atual e suas raças humanas devem ter nascido, crescido e se desenvolvido por essa forma, e não por outra qualquer.

441 Portanto, que assim seja. Nenhum descrente que encare a "Doutrina Secreta" como uma "mistificação" é obrigado ou sequer induzido a acreditar nas nossas declarações. Aliás, nem é preciso que alguém deva acreditar nas Ciências Ocultas e nos ensinamentos antigos antes de saber alguma

442 coisa ou até de acreditar na própria alma. Nenhuma grande verdade foi jamais aceita aprioristicamente e, em geral, um ou dois séculos escoam antes que ela comece a lampejar na consciência humana como uma possível verdade, exceto nos casos de uma descoberta positiva da coisa apresentada como fato concreto. As verdades de hoje são as falsidades e os erros de ontem, e vice-versa. Somente no século XX é que algumas partes, se não mesmo o todo desta obra, serão confirmadas.

443 "Quando duvidares, abstém-te", diz o sábio Zoroastro, cujo prudente aforismo é confirmado em cada caso pela vida diária e pela experiência. No entanto, tal como São João Batista, esse sábio dos tempos antigos continua pregando no deserto acompanhado por um filósofo moderno, Bacon, que oferece o mesmo resumo inapreciável de sabedoria prática. "Na contemplação", diz ele (e em qualquer problema de conhecimento, acrescentamos), "se o homem começa com certezas, acabará com dúvidas; mas, se contentar-se em começar duvidando, acabará tendo a certeza." Com esse pequeno conselho do pai da filosofia inglesa aos representantes do ceticismo britânico, deveríamos terminar o debate; entretanto, nossos leitores teosóficos têm direito à última parte da informação oculta.

Já se disse o bastante para mostrar que a evolução dos acontecimentos, em geral, da humanidade e de tudo o que existe na natureza, processa-se em ciclos. Falamos das sete raças, cinco das quais estão próximas de completar seu destino terrestre, e afirmamos que cada raça-raiz, com suas sub-raças e suas inumeráveis divisões em famílias e tribos, diferenciou-se por completo da que a precedeu e da que a sucedeu. Esse fato será contestado em nome da autoridade que a experiência uniforme sobre o assunto forneceu à antropologia e à etnologia. O homem – salvo no tocante à cor e ao tipo e, talvez, à diferença nas peculiaridades faciais e na capacidade craniana – sempre foi o mesmo sob todos os climas e em todas as partes do mundo, sustentam os naturalistas: sim, até na estatura.

Mais uma vez nos dirigimos somente àqueles que, duvidando da procedência geral dos mitos da "contemplação dos processos visíveis da natureza externa"... julgam "mais fácil acreditar que essas histórias maravilhosas de deuses e semideuses, de gigantes e anões, de dragões e monstros de todos os feitios são transformações, do que encará-las como invenções". Somente dessas "transformações" na natureza física, tanto quanto da lembrança e das concepções da nossa humanidade atual, que a Doutrina Secreta nos fala. Confronta as hipóteses puramente especulativas da ciência moderna, baseadas na experiência e nas observações de apenas poucos séculos, com a tradição ininterrupta e os registros de seus santuários; e passando a escova sobre esse amontoado de teorias que mais parecem uma teia de aranha, tecida nas trevas que cobrem um período de apenas alguns milênios e que os europeus chamam de sua "história", a ciência antiga nos diz: Ouçam, agora, a minha versão sobre as recordações da humanidade.

444   As raças humanas nascem umas das outras, crescem, desenvolvem-se, envelhecem e morrem. Suas sub-raças e nações obedecem à mesma regra. Se vossa incrédula ciência moderna e vossa pretensa filosofia não negam que a família humana compõe-se de uma variedade de tipos e raças perfeitamente definidos, isso se dá apenas porque o fato é inegável; ninguém ousaria afirmar que não existem diferenças externas entre um inglês, um negro africano, um japonês ou um chinês. Por outro lado, a maioria dos naturalistas nega oficialmente que as *raças humanas mistas*, isto é, as sementes de raças inteiramente novas, há muito deixaram de ser formadas. Nossa proposição de caráter geral não será aceita. Ela dirá que quaisquer que tenham sido as formas pelas quais o homem passou no decorrer do prolongado passado pré-histórico, não terá, futuramente, de submeter-se a outras modificações (com exceção de certas variações, como acontece atualmente). Por isso a sexta e sétima raças-raízes de que falamos não passam de ficções.

A isso, pode-se responder mais uma vez: E como *sabeis*? Vossa experiência está limitada a alguns milhares de anos, a menos de um dia da idade total da humanidade, e aos tipos atuais dos continentes e ilhas da nossa quinta raça. Portanto, como podeis falar do que pode ou não vir a ser? Enquanto isso, o que se segue é a profecia dos livros sagrados e suas indiscutíveis declarações.

Muitos milhões de anos já se passaram desde os primeiros dias da raça atlantiana e, entretanto, vamos encontrar os últimos indivíduos dessa raça mesclados com o elemento ariano ainda há cerca de onze mil anos. Isso mostra a enorme sobrevivência de uma raça sobre aquela que a sucede, embora, no tocante a aparências e tipos, a raça mais velha perca as próprias características para adotar os traços novos da raça mais jovem. Esse fato está provado em todas as formações das raças humanas mistas. Nesse ponto, a filosofia oculta ensina que mesmo hoje, diante dos nossos olhos, as novas raças estão se preparando para serem formadas, que é na América que terá lugar a transformação, e que esta já começou silenciosamente.

Anglo-saxões puros há pouco mais de trezentos anos, os norte-americanos já se transformaram numa nação à parte, e, graças a uma forte mistura de diversas nacionalidades e aos casamentos entre elas, numa raça *sui generis*, não apenas mentalmente, mas também fisicamente. Assim, em somente três séculos, os norte-americanos transformaram-se numa

445 "raça primária", antes de terem se constituído numa raça à parte fortemente separada das demais raças existentes. São, em suma, os germes da *sexta* sub-raça, e dentro de mais alguns séculos serão os verdadeiros pioneiros da raça que deve suceder a atual quinta sub-raça ou europeia, em todas as suas novas características. Depois, daqui a cerca de 25.000 anos, iniciarão os preparativos para a sétima sub-raça; até que, em consequência de cataclismos – cuja primeira série deve, um dia, destruir a Europa e, posteriormente, toda a raça ariana (afetando, assim, as duas Américas), como também a maior parte das terras diretamente ligadas aos confins do nosso continente e suas ilhas – a sexta raça-raiz tenha surgido da nossa ronda.

Mas quando? Ninguém sabe, exceto os grandes Mestres de Sabedoria, que se mantêm tão silenciosos sobre o assunto como os altos picos cobertos de neve que se erguem sobre eles. Tudo quanto sabemos é que esses fatos acontecerão silenciosamente; tão silenciosamente, na verdade, que durante longos milênios seus pioneiros – os filhos de tipo especial que nascerão de homens e mulheres igualmente especiais serão encarados como anormais *lusus naturae*, física e mentalmente. Então, à medida que forem crescendo e tornando-se cada vez mais numerosos, acordarão um dia para verificar que são a maioria. Nesse dia, os homens atuais começarão a ser encarados como mestiços excepcionais, até morrerem, por seu turno, nas terras civilizadas; sobrevivendo apenas em pequenos grupos asilados em ilhas – os picos das atuais montanhas – onde passarão a vegetar, a degenerar e finalmente a morrer daqui a milhões de anos, como estão morrendo os astecas, os nyam-nyam e os pigmeus mool koorumba dos Montes Nilgiri. Todos esses povos são os remanescentes de antigas e poderosas raças, cuja memória desapareceu por completo da lembrança das gerações modernas, do mesmo modo que nós também desapareceremos da memória da humanidade da sexta raça-raiz. A quinta sobreviverá à sexta por muitas centenas de milênios, modificando-se com ela mais vagarosamente que sua nova sucessora, modificando-se ainda na estatura, no físico em geral e na própria mentalidade, como a quarta sobreviveu à nossa raça ariana, e a terceira sobreviveu aos atlantianos.

O processo de preparação para a sexta grande raça deve perdurar durante toda a sexta e a sétima sub-raças. No entanto, os *últimos* remanescentes do quinto continente não desaparecerão até certo tempo depois do nascimento da *nova* raça; quando uma *nova* morada, o sexto continente, tiver surgido sobre as *novas* águas da face da Terra para abrigar o novo estrangeiro. Para o novo continente emigrarão e nele se estabelecerão todos aqueles que forem suficientemente felizes para escapar do desastre geral. A autora ignora – como afirmou anteriormente – quando tudo isso vai acontecer. Sabe apenas que, uma vez que a natureza não costuma dar saltos inesperados, do mesmo modo que o homem não se transforma subitamente de criança em indivíduo maduro, o cataclismo final será precedido de submersões e destruições menores provocadas pelas ondas e erupções vulcânicas. A mesma pulsação latente baterá fortemente no coração da raça que hoje vive na zona americana, mas não existirão americanos quando começar a sexta raça; como também, na verdade, não existirão mais os europeus; porque, então, já* estarão transformados *numa nova raça e em muitas novas nações*.

Entretanto, a quinta não morrerá, mas sobreviverá por mais algum tempo; ultrapassando a nova raça durante muitas centenas de milhares de anos futuros, transformar-se-á com ela – mais vagarosamente que a sua nova sucessora – para modificar-se inteiramente em mentalidade, no físico em geral e na estatura. A humanidade não desenvolverá novamente corpos gigantescos, como no caso dos lemurianos e atlantianos porque, enquanto a evolução da quarta raça-raiz fez com que ela descesse até o fundo do materialismo em seu desenvolvimento físico, a raça atual encontra-se em seu arco ascendente e a sexta surgirá rapidamente de seus limites materiais e até carnais.

---

* O texto original diz "agora" em vez de "então". (N. do E.)

Assim é a humanidade do Novo Mundo – muito mais velho que o nosso Velho Mundo, um fato que os homens esqueceram – dos antípodas ou mundo inferior, como a América é chamada na Índia, cuja missão e cujo karma consiste em semear as sementes de uma raça futura, maior e muito mais gloriosa que qualquer outra que conhecemos no presente. Os ciclos da matéria serão sucedidos por ciclos de espiritualidade e mentalidade plenamente desenvolvidas. Segundo a lei paralela da História e das raças, a maioria da humanidade futura será composta por gloriosos Adeptos. A humanidade é a filha do destino cíclico, e nenhuma de suas unidades poderá fugir da sua missão inconsciente ou livrar-se do fardo do seu trabalho de cooperar com a natureza. Assim, a humanidade, raça após raça, realizará a peregrinação cíclica que lhe foi designada. Os climas serão modificados, e já começaram a modificar-se, e cada ano tropical, um após outro, fará surgir uma nova sub-raça, mas somente para procriar outra raça superior no ciclo ascendente; ao mesmo tempo em que uma série de outros grupos menos favorecidos – os fracassos da natureza – tal como ocorre a certos homens, desaparecerão da família humana sem deixar o menor traço de sua existência.

Essa é a marcha da natureza subordinada ao impulso da LEI KÁRMICA: da natureza sempre presente e eternamente em evolução. Pois, segundo as palavras de um sábio conhecido apenas de poucos ocultistas:

"O PRESENTE É O FILHO DO PASSADO; O FUTURO, O PRODUTO DO PRESENTE. E, NO ENTANTO, Ó MOMENTO PRESENTE! NÃO SABES QUE NÃO TENS PAI, NEM PODES TER UM FILHO; QUE ESTÁS ETERNAMENTE PROCRIANDO A TI MESMO? MESMO ANTES DE TERES COMEÇADO A DIZER: 'EU SOU A PROGÊNIE DO MOMENTO QUE PASSOU, O FILHO DO PASSADO', JÁ COMEÇASTE A SER O PRÓPRIO PASSADO. ANTES DE TERES PRONUNCIADO A ÚLTIMA SÍLABA, OBSERVA! JÁ NÃO ÉS MAIS O PRESENTE, MAS, DE FATO, AQUELE PASSADO. ASSIM SÃO O PASSADO, O PRESENTE E O FUTURO, A SEMPITERNA TRINDADE EM UM – A GRANDE ILUSÃO DO *É* ABSOLUTO".

Notas

I. Acrescentar ao Glossário de fls...:
Modelo básico   Upadhi
Base material
II. Nos versos do *Rig Veda*, p...:
   Na edição original, os versos não têm nenhuma indicação de sua origem. Nas edições posteriores, a fonte foi dada como "*Rig Veda* (Colebrooke)". No entanto, a tradução do sânscrito é a de Max Muller e pode ser encontrada na sua obra *Vislumbres de uma Oficina Alemã*, Primeira Série, 1869, vol. I, p. 78. Na *Doutrina Secreta* os versos do *Rig Veda* são acompanhados de sete versos de outro poema, que até agora não consegui localizar.
   H. P. B. fez duas correções características na tradução de Max Muller, exatamente a mudança do gênero dos pronomes do masculino para o neutro, nas seguintes linhas:

"*Ele* de *quem* procedeu toda esta grande criação,
Se a *Sua* vontade criou ou ficou muda".

Não consegui encontrar um exemplar dessa obra de Max Muller e, assim, estou me guiando pela sua versão constante da *História da Índia*, de Vincent Smyth, 1923, p. 20. Existe outra discordância nessa versão do texto de H. P. B., exatamente a troca da palavra *woof* por *roof* no segundo verso. Trata-se, obviamente, de um erro de imprensa. Além disso, se *woof*, que significa o céu, é tomada em justaposição com *warp*, que significa o globo terrestre, então, as duas palavras formam uma analogia apropriada ao "par de opostos" céu e terra, espírito e matéria, o imanifestado e o manifestado.

III. *P.* 112, *linha* 12. Em lugar de "Fohat" leia-se "Turbilhão ígneo".

IV. Os versos do *Kalevala*, p. 188, foram tirados da tradução de John Martin Crawford. Diz a última linha: "Seis, os ovos dourados que ela pôs lá", que significa "dentro", isto é, no regaço ou seio da mãe-água.

V. Abreviações usadas:

CM: Cartas dos Mestres.

DS: Doutrina Secreta, 1ª edição.

DS³: Idem, 3ª edição, somente para o chamado Volume III.

St: As Estâncias de Dzyan.

VI. Os números à margem correspondem às páginas da primeira edição, da qual foi reproduzido o presente texto. Para melhor localização das passagens de outras edições de *A Doutrina Secreta*, a Concordância, recentemente publicada, pode ser usada com proveito.

A.A.